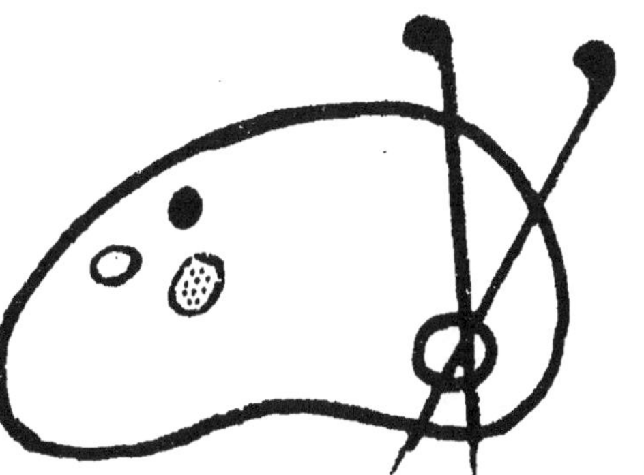

Début d'une série de documents
en couleur

M.-A. GROMIER

LA PAIX SOCIALE

VOIES & MOYENS

(Documents historiques)

Prix : Trois francs

A Paris, chez M.-A. GROMIER

1, rue du Marché-Ordener (XVIIIe)

— 1904 —

BIBLIOGRAPHIE

DE LA PAIX SOCIALE

Vient de paraître : *Compte rendu officiel des travaux, résolutions et actes du premier Congrès national des Sociétés françaises de la Paix, à Toulouse,* **en octobre 1902.** Imprimerie toulousaine Lagarde et Sébille. Prix : 2 francs.

Spécimen extrait du rapport de M. Langlade, page 34 :

Association internationale économique des Amis de la Paix sociale, 1865. — Cette Association, fondée à Londres le 5 juillet 1865 par M. Marc-Amédée Gromier, qui l'a toujours présidée, a son siège à Paris depuis 1866. Son but est la constitution d'une *union douanière* ou Zollverein européen, fédération économique préparant la paix universelle par l'uniformité du calendrier et du méridien, des poids et mesures, monnaies, tarifs postaux, télégraphiques, des chemins de fer et paquebots, l'abolition des passeports, péages, octrois et douanes : programme, on le voit, principalement économique. Quoi qu'il en soit, dans ses trente-sept années d'existence, cette Société, forte de l'appui de plusieurs hommes politiques et littérateurs, a publié trois cent quatre-vingt-deux circulaires, organisé cent onze banquets, réuni trente-sept fois des assemblées générales, participé à vingt et un congrès humanitaires et figuré aux expositions universelles de Paris en 1889 et 1900. En 1902, elle a dépassé le chiffre de 30.000 adhérents, parmi lesquels quatre cents publicistes appartenant pour la plupart à la presse socialiste. Elle publie un bulletin sous forme de circulaire ou correspondance hebdomadaire. Il est bon de noter que depuis sa fondation elle a successivement porté plusieurs sous-titres : *Fédération des peuples gréco-latins,* — *Alliance arméno-gréco-latine,* — *Union méditerranéenne,* — *Fédération slavo-latine* — et **Zollverein européen.**

Spécimen, page 47 :

Alliance universelle des Femmes pour la paix par l'éducation, 1896. — Fondée le 18 mars 1896 par Mme la princesse Wiszniewska, cette Société, d'abord intitulée : *Ligue des Femmes pour le désarmement international,* est une tentative de pacification universelle par les femmes qui a rapidement prospéré, puisqu'elle a fini par réunir, en quelques années, 5 millions d'adhésions individuelles ou collectives. Elle a des comités nationaux autonomes dans la plupart des pays civilisés et plusieurs groupes locaux en France ; son comité central de douze dames siège à Paris, 7 *bis*, rue du Débarcadère, et nomme un bureau directeur. La contribution de cette Alliance à l'œuvre de la paix est considérable : elle s'est manifestée par des appels aux femmes de tous les pays, renouvelés chaque année, depuis 1898 ; une pétition de 616.000 votes en faveur de la Conférence de la Haye, des adresses pour l'arbitrage, un concours pour une poésie pacifique populaire, de nombreuses conférences et discours de sa présidente, la princesse Wiszniewska, et de sa vice-présidente, Mme Maria Chéliga ; des banquets et des fêtes parfaitement organisés et surtout un Congrès très réussi, tenu à Paris les 27, 28 et 29 septembre 1900, sur les questions si intéressantes du rôle de la femme comme agent pacificateur et de la paix par l'éducation, devenue le but propre de l'Alliance. *C'est la plus importante association féminine qui se soit spécialement adonnée à la poursuite de la paix, si bien faite pour attirer le concours de la partie du genre humain la plus accessible à la pitié.*

*
* *

VERS LA PAIX

UN BON LIVRE

Edouard d'Angleterre, Victor Emmanuel d'Italie et la République française — d'accord avec Nicolas de Russie — viennent, *en résumé,* de former une quadruple alliance morale pour le maintien de la paix en Europe.

(*Voir la suite page 3 de la couverture.*)

Pour le moment, toutefois, il faut considérer cette alliance de la même façon que M. Harduin, du *Matin*, considère le traité franco-anglais d'arbitrage. Des deux parts, en effet, ces événements ne sont qu'une préface, une *esquisse*.

Voici la déclaration de M. Harduin ; nous la reproduisons volontiers, car elle est logique, loyale, nette et très opportune :

« Il est bien évident que *le traité concernant l'arbitrage signé par la France et l'Angleterre n'a que la valeur d'un geste*, d'un beau geste, si l'on veut ; qu'il ne signifie pas que les deux pays se sont engagés à ne jamais se faire la guerre et à régler leurs différends comme les particuliers règlent les leurs en s'adressant aux tribunaux.

« La France et l'Angleterre auraient, du reste, pris cet engagement que comme *aucune autorité ne serait en état de les obliger à le respecter*, nous ne serions pas plus avancés.

« Mais, étant donné l'état de semi-barbarie dans lequel vit l'Europe avec ses armées formidables et sa préoccupation de la guerre, c'est déjà quelque chose que deux grands pays éprouvent le besoin de donner ne fût-ce qu'*un semblant de satisfaction* aux aspirations de l'opinion publique.

« On ne sait jamais ce que produira le gland qui vient d'être enfoui dans le sol, s'il en sortira un chêne puissant, un arbuste malingre ou *rien du tout*.

« Plaçons-nous à ce point de vue modeste et ne faisons pas trop les dédaigneux.

« Le traité anglo-français est, dans une certaine mesure, la reconnaissance officielle de ce fait que *l'Europe se trouve engagée dans une impasse où elle ne peut indéfiniment rester*. Les grandes puissances dépensent six milliards par an pour se faire la guerre ; elles immobilisent sous les drapeaux des centaines de mille hommes qui consomment et ne produisent pas. Elle sent qu'à ce jeu elle s'épuise ; elle voudrait revenir en arrière, et elle tâtonne, hésite, ne sait comment s'y prendre.

« *Le traité d'arbitrage est un tâtonnement* comme les visites que se font les souverains et les assurances d'amitié qu'ils échangent.

« Ces tâtonnements sont peut-être les précurseurs de la détermination radicale qui sera prise un jour, *quand les temps seront mûrs*, et qui conduira au désarmement. »

Très bien pensé, parfaitement établi : voilà des lignes écrites par un homme de prescience.

Nous voudrions approuver de même une déclaration de M. le baron d'Estournelles de Constant dont nous avons le texte sous les yeux ; malheureusement, la seule partie de ce document, que nous sommes heureux de reproduire, est le passage suivant, plutôt défavorable, lui aussi, au traité anglo-français :

« Il est vrai que si « l'honneur », ou « l'indépendance », ou « des intérêts vitaux » se trouvent en jeu, *l'arbitrage n'est pas considéré comme une solution possible, quant à présent*. Mais comment prétendre que deux peuples vont, dans l'état actuel de nos mœurs, s'abandonner les yeux fermés, du jour au lendemain, pour toutes les questions imaginables, aux arrêts d'une cour qui ne s'imposera qu'avec le temps, et qui n'a même pas encore pu faire ses preuves ? Vous n'obtiendrez pas cela même du plus petit peuple, et tout ce que l'on peut souhaiter, c'est que ces réserves soient interprétées dans un sens de plus en plus large ; et cela dépend de l'opinion plus que des gouvernements.

« Il est vrai encore que, dans le cas même où les gouvernements, animés d'un sincère esprit de conciliation, oublieraient ces réserves et soumettraient sans distinction tous leurs conflits à l'arbitrage, *aucune sanction matérielle n'obligera celui qui sera condamné à s'exécuter ; on ne saurait exercer contre lui la contrainte par corps ; aucune gendarmerie internationale n'aura le pouvoir de forcer un puissant État à l'observation d'un jugement*. Cela est évident. Nous ne savons même pas empêcher le sultan de violer ses engagements solennels, de piller, de massacrer sous nos yeux ceux de ses sujets que l'Europe est censée protéger. Est-ce une raison pour nous décourager et pour ne rien faire ?

« Non, c'est un motif de plus pour nous ingénier à trouver *un moyen de* sortir peu à peu, tant bien que mal, de cette impasse. »

Et alors M. d'Estournelles oublie de citer le moyen...

Il existe, ce moyen, pourtant! Nous l'offrons aux peuples depuis 1865, Elie Ducommun l'a cité en 1901! M. Duplessix, le mois dernier, a publié tout un livre à son propos!

Ce moyen, il est vrai, ne peut plaire à tous les gouvernants; ce moyen n'est pas du domaine de tous les parlements; c'est un moyen surtout applicable par les peuples, qui doivent s'unir pour l'employer. Ce moyen, répétons-le encore, *c'est l'arbitrage obligatoire et sanctionné par une force internationale pacificatrice.*

Un peu de bonne foi, de grâce, *chers messieurs les gouvernementaux!*

Méditez l'ouvrage de *M. Duplessix.* Il a pour titre : *Vers la Paix,* et ses 208 pages valent mieux que toutes les plus belles prosopopées oratoires ou épistolaires.

Nous ne saurions trop engager les amis de la paix sociale à se procurer cet excellent livre; il est intéressant et instructif à tous égards; il répond victorieusement à toutes les objections des endormeurs, partisans d'un *statu quo* dont ils profitent, et, surtout, il ne farde pas la vérité. On peut en juger par le passage suivant :

« Quatre années se sont écoulées depuis la conférence de la Haye, et l'expérience a suffisamment prouvé qu'elle ne saurait comporter de sérieux résultats pratiques.

« Les armements militaires ont continué plus intenses que jamais et l'on a pu voir une guerre d'extermination se prolonger pendant plus de deux ans entre deux peuples civilisés.

« *Le plus faible a proposé l'arbitrage* et imploré la médiation de l'Europe; *le plus fort,* sûr de la victoire finale et résolu à s'emparer du riche terrain de son adversaire, formant enclave dans son domaine colonial, *a refusé cet arbitrage* et fait savoir aux gouvernements étrangers qu'il considérerait toute intervention médiatrice comme un acte peu amical de leur part.

« Les puissances neutres ont gardé le silence et un peuple indépendant, civilisé, doué des sentiments les plus nobles et les plus élevés, a disparu de la carte du monde.

« *L'arbitrage facultatif n'est donc qu'un leurre pour les faibles* qui mettent en lui leur espoir, puisqu'il est des puissants qui le considèrent comme lettre morte et ne veulent reconnaître à personne le droit de les juger. »

M. Duplessix, lui, ne montre pas le mal sans montrer le remède. Ce remède, *dit-il,* c'est l'arbitrage *sanctionné, obligatoire...* et il en décrit le mode d'établissement, *il en donne les statuts,* qui plus est, il consacre 120 pages à l'explication détaillée de ces STATUTS INTERNATIONAUX qui *règlent et déterminent l'union des nations pour faire la paix entre elles, garantir leur indépendance et leur autonomie respectives,* ASSURER L'OBÉISSANCE A LA LOI COMMUNE ET L'EXÉCUTION DES SENTENCES ARBITRALES DU CONSEIL INTERNATIONAL.

Impossible de rencontrer des *statuts* plus clairs, plus précis, plus raisonnables et plus opportuns

Ce n'est pas une réclame que nous recommençons aujourd'hui, après avoir déjà louangeusement résumé, en septembre, l'œuvre de M. Duplessix.

Non, certes! c'est purement et simplement un devoir que nous accomplissons avec joie, car le volume de M. Duplessix est merveilleux à tous égards : bon sens, logique, clarté, saine appréciation des besoins sociaux ainsi que des droits et des devoirs de l'humanité.

10 novembre 1903.   PAX.

Les partisans de l'*A. I. E. des Amis de la Paix sociale,* les souscripteurs à la propagande de son fondateur et les correspondants de M.-A. Gromier sont priés d'envoyer leurs communications à l'adresse suivante : *1, rue du Marché-Ordener, Paris (XVIIIe).*

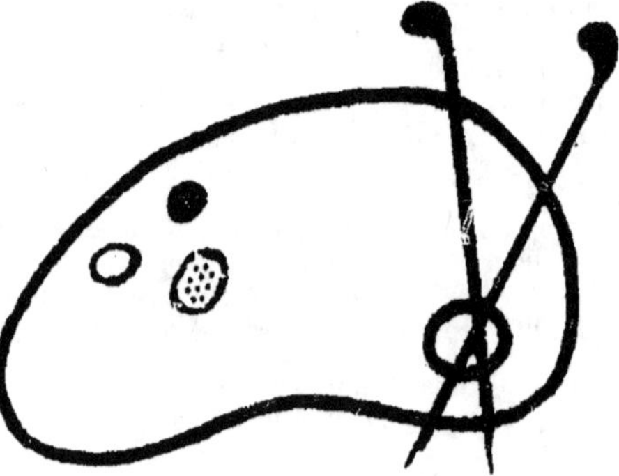

Fin d'une série de documents
en couleur

M.-A. GROMIER

LA PAIX SOCIALE

VOIES & MOYENS

(Documents historiques)

Prix : Trois francs

A Paris, chez M.-A. GROMIER

1, rue du Marché-Ordener (XVIIIe)

— 1904 —

DÉDICACE

LA PAIX SOCIALE

(CREDO D'UN SOCIALISTE PACIFIQUE)

I. — Le Cosmos, c'est ce qu'on appelle Dieu

Je crois que la lumière naturelle est une perpétuelle conformité de notre âme avec les lois du cosmos.

Je pense que, lorsque l'homme comprendra la nature des êtres qui l'environnent et sa propre nature, il connaîtra les moteurs de nos destinées, il saura la cause de ses maux et quels peuvent en être les remèdes.

En d'autres termes, ce qu'on appelle *Dieu*, pour moi, c'est le pouvoir souverain et caché de l'univers, le propulseur mystérieux de la nature, l'âme universelle des êtres. Ce Dieu-là tombe sous les sens : je le vois, je fais partie de lui-même ; le bon sens, éclairé par la bonne foi, suffit à me démontrer son caractère et notre coordination à lui.

Dieu, c'est l'ensemble du cosmos, ou plutôt le cosmos est le corps de Dieu, sa manifestation externe et passagère, de même que chez l'homme, ou le *microcosme,* le corps est la manifestation visible et transitoire de l'âme.

Conséquemment, je ne vise à rien moins qu'au *complet affranchissement de l'esprit humain en matière religieuse.* Cela, non par rapport à une secte plutôt qu'à une autre, mais afin qu'il y ait sur toute la terre, en général et en particulier, la plus grande mesure d'intelligence intellectuelle dont notre nature soit capable.

J'ai eu l'idée confuse de ces sentiments, dès 1865, à mon retour de Philadelphie ; — puis, en prison ou en exil, j'en ai établi l'esquisse que Josselin imprima en 1877, à Genève, qui fut mise à *l'Index* en 1878, et dont voici le développement, déjà partiellement publié le 1er février 1891, à Perpignan, dans la revue *l'Anti-Clérical,* de l'ex-abbé Rocca, — et en 1893, dans *la Revue Moderne,* de Paris, de feu Robert Bernier.

N'étant pas infaillible, je n'ai pas la prétention d'affirmer que mon *Credo* est excellent ; j'affirme seulement qu'il est de bonne foi et que, depuis 1865, je me suis efforcé et m'efforce de l'améliorer chaque jour.

*
* *

Chacun, à mon avis, doit n'emprunter les lumières de sa foi qu'à sa révélation intime, et ne se conduire dans la vie que d'après sa raison, sa conscience.

Il faut donc n'avoir confiance ni en l'écriture, qui peut toujours être aveugle et absolue, ou apocryphe, ou œuvre de simple tradition établie par les thaumaturges ; — ni en l'Église, qui n'est qu'un cénacle de gens intéressés à tenir le monde entier sous leur règle ; — ni en un prêtre, un bonze, un lama, un pasteur, *se disant orthodoxes*.

Les libéraux mis à part, tous les ecclésiastiques de n'importe quelle religion ne sont que les serviteurs de leur Église et ses agents de parti pris.

Mais il faut obéir aux inspirations libres de son cœur ; c'est lui qui vous dira, mieux que nul livre : *Fuis le mal et fais le bien.*

Telle est la religion naturelle ; telle est ma philosophie ; telle est la résultante de mes études et de mes réflexions ; tel est le sentiment dominant mon âme, à l'aube de ma soixante-troisième année.

II. — Un déterminisme commun, s. v. p.

Je suis du sentiment de Barbès, qui m'écrivait en 1869 : « Le mal et le bien sont relatifs. Ils le sont évidemment pour nous, mais pas dans leur essence éternelle. »

Telle chose est crime à Paris, vertu à Constantinople, folie de la part d'un Indien, bonne pour le Japonais, mauvaise pour le Russe. Ce que Pierre juge excellent, Paul le juge détestable.

Pourquoi ?

Parce que l'éducation primaire, le climat et les coutumes du pays natal leur ont donné des inspirations diverses.

Que Paul agisse donc selon sa conscience et laisse Pierre agir de même ; — car, ici-bas, tout est subordonné ; rien ne se peut affirmer qui puisse être affirmé par tous : le cœur seul de chacun est juge légal des actions du corps qui lui appartient et des pensées de l'âme qu'il possède. Par suite, justice humaine, pour moi, n'est qu'un mot vide de sens. Nul ne peut juger son prochain : — c'est déjà assez de pouvoir se juger soi-même.

Tant que le libre arbitre ne sera pas le même pour tous, c'est-à-dire *tant que l'humanité n'aura pas un déterminisme commun*, il y aura plus de bonne logique et plus d'honneur à se soumettre aux inspirations de sa conscience qu'aux lois temporaires et partiales qui nous gouvernent; il y aura plus d'honnêteté et de sagesse à être indulgent pour autrui qu'à vouloir le punir de ses égarements.

Oui, tant qu'un déterminisme commun n'existera pas, c'est-à-dire *tant que l'instruction ne sera pas, depuis vingt ans, universellement commune, laïque, gratuite, obligatoire et* PROFESSIONNELLE, les criminels devront être traités comme des frères malades et non comme des bêtes fauves et des ennemis.

J'entends, en effet, *par déterminisme, l'organisme, l'éducation et l'instruction de l'individu et le milieu où son existence se passe*, c'est-à-dire le sens moral de l'individu. *Quand le sens moral sera commun à tous*, l'ordre social existera.

Donc, pour que la paix sociale s'établisse et dure, *en France, d'abord*, il faut que le sens moral soit le même pour les Français.

On ne l'obtiendra, *ce sens moral commun*, que par l'obligation pour tous les pères de famille de faire donner et de donner le même *enseignement primaire laïque* à leurs enfants. Par suite, bientôt, tous les Français auront le même sens moral, c'est-à-dire le même amour et le même dévouement pour la paix, unique source du travail, de la prospérité et du progrès social.

III. — Qui dit religions ne dit pas morale

Ne laissons pas établir une confusion préjudiciable aux intérêts des peuples et utile à leurs exploiteurs.

La *tyrannie sacerdotale* du moyen âge et même des temps modernes n'a rien eu de commun et n'a rien de commun avec notre *enseignement laïque* d'à présent, les *dogmes théocratiques* n'ayant jamais eu la moindre ressemblance avec la *moralité humaine*.

Jadis, on *tyrannisait* la pensée. On veut, maintenant, *enseigner* les principes de la morale.

Les dogmes théocratiques ne furent pas et ne pouvaient être enseignés : ils résultaient des besoins de la papauté ; ils étaient établis, imposés par l'*Inquisition* ; ils sont utilisés par le *jésuitisme*.

La moralité humaine provient, elle, de l'enseignement continuel des *philosophes* et des *martyrs* de la philosophie ; elle résulte des observations et des sentiments réfléchis des *nations* ; elle s'établit, s'impose par la force du *raisonnement* et du *progrès* ; elle va, enfin, être utilisée pour le bien de l'*humanité*, pour la *paix internationale*.

Les dogmes *papalins* préconisent le vol et le meurtre contre les infidèles, les hérétiques et tous les adversaires de la *papauté* ; et il y a autant de dogmes de ce genre-là que de passions diverses chez les autocrates-pontifes.

Aujourd'hui, grâce à la vapeur, aux chemins de fer, aux paquebots, à l'électricité, au télégraphe, et, surtout, grâce à la presse, il n'y a pas deux sortes de *morale* : il n'y a que la *morale préconisant le bien*, c'est-à-dire l'*harmonie solidariste*.

Il ne peut donc y avoir qu'une sorte d'enseignement de la morale : *l'enseignement laïque*.

Qui dit religions ne dit pas morale.

Qui dit enseignement *libre* veut dire *libre* d'enseigner n'importe quelle RELIGION.

Qui parle d'*enseignement laïque* entend parler d'un enseignement où l'on enseigne, *en fait de religion*, les bases de la MORALITÉ UNIVERSELLE.

Naturellement, après cet enseignement laïque, primaire et *obligatoire* (c'est-à-dire *donnant seul accès aux écoles de l'État et aux emplois quelconques gouvernementaux*), les jeunes gens ont toute liberté d'aller n'importe où se faire enseigner n'importe quelle religion.

Tout cela est si vrai que M. Aynard lui-même l'a reconnu devant la Chambre. Voici ses paroles officielles :

Ce qui est en question, c'est la concurrence de deux enseignements : l'enseignement de l'État et l'enseignement des congréganistes.

Donc, il est juste de dire que MM. Aynard, Denys Cochin et autres fondateurs de la *Ligue de l'enseignement libre* n'ont en vue que le développement de *l'enseignement clérical*.

IV. — Une morale laïque pour une société laïque

Ce n'est pas d'aujourd'hui que les religions sont accusées, bien légitimement, d'être le contraire de la morale universelle et, conséquemment, de nuire partout à l'établissement de la paix entre les nations.

Voici, sur cette question importante, l'opinion jadis exprimée par le général Hoche :

Opinion du général Hoche

« J'ai vu comment procédaient les ministres du culte, et, quand j'ai vu où ils arrivaient, j'ai compris que ce n'était plus entre leurs mains qu'il fallait laisser l'instruction et l'éducation des familles.

« *La théocratie ne fait que des esclaves.* Elle prend l'enfant au berceau, elle ne lui laisse pas un moment de liberté, elle l'enserre de tous les côtés, elle lui fait peur de tout, elle ne l'éclaire véritablement de rien.

« Les prêtres ont fait des hommes des espèces de bêtes sauvages qu'ils ont muselées ensuite ou bien qu'ils ont dressées contre les amis de la droiture naturelle, de l'intelligence pure et de la vérité. Il n'est pas possible de supporter aujourd'hui et de ramener ce régime. »

(Lettre du général Hocue à Carnot.)
(28 février 1797.)

Opinion d'Edgar Quinet

Maintenant, voici l'opinion d'Edgar Quinet, mon illustre premier maître et cher compatriote :

« Supposez qu'il n'y eût d'autre enseignement moral que celui qui est distribué au nom des églises particulières ; j'ai montré que, dans ce cas, la société actuelle ne pouvait subsister telle qu'elle est. Chacun suivant rigoureusement le principe exclusif déposé dans son Église, *il y aurait en France des sectes et point de nation.*

« Le juif serait ramené au ghetto ; le protestant, enfermé dans ses villes de sûreté ; le catholique, acharné contre l'un et contre l'autre, travaillerait à les faire entrer dans son Eglise. Il suit de là que le principe d'aucune des sectes qui sont reconnues par l'Etat n'aurait pu, en se développant, produire la société française telle qu'elle est aujourd'hui, alliance pacifique de toutes les croyances, de toutes les opinions, de toutes les sectes dans le sein d'une même nation. C'est dire que chacune de ces églises a l'autorité d'un système considérable, mais qu'*aucune d'elles n'est plus le principe vital de cette société.* Pour qu'elle subsiste, il faut que l'esprit qui l'a faite continue de se répandre par l'éducation, de génération en génération. Là est la raison d'être de l'enseignement laïque sans acceptation d'aucun dogme particulier.

« Toutes les objections iront se briser contre ce fait : *Nulle Église particulière n'étant l'âme de la France, l'enseignement qui doit répandre l'âme de cette société doit être indépendant de toute Église particulière.*

« Si le prêtre peut faire tout ce que fait l'instituteur, celui-ci est inutile. Mais, d'autre part, si l'instituteur enseigne une morale sociale qu'il est impossible au prêtre d'enseigner sans apostasier, le premier est évidemment indépendant des dogmes du second ; car il est absurde d'assujettir l'enseignement le plus universel au plus étroit et d'enfermer le plus grand dans le plus petit.

« L'instituteur n'est pas seulement le répétiteur du prêtre ; il enseigne ce qu'aucun prêtre ne peut enseigner, l'alliance des églises dans une même société.

« *L'instituteur a un dogme plus universel que le prêtre, car il parle tout ensemble au catholique, au protestant, au juif, et il les fait entrer dans la même communion civile.*

« L'instituteur doit dire : « Vous êtes tous enfants d'un même Dieu

« et d'une même patrie ; *tenez-vous par la main jusqu'à la mort.* » Le
prêtre doit dire : « Vous êtes les enfants d'églises différentes ; mais, parmi
« ces mères, il n'y en a qu'une qui soit légitime. Tous ceux qui ne lui
« appartiennent pas sont maudits ; ils resteront orphelins. *Soyez donc*
« *séparés les uns des autres dans le temps, puisque vous devez l'être dans*
« *l'éternité.* »

« Croyez-vous que ce serait un malheur irréparable pour votre enfant
de naître ainsi à la vie civile dans un sentiment de concorde, de paix,
d'alliance avec tous ses frères ? Le premier sourire qui lui a été donné
du ciel, est-ce pour maudire ? Faut-il que son premier bégayement soit
un anathème ?

« — Mais vous contraignez mon fils de n'avoir ni colère ni exécration
contre ceux qui ne pensent pas, ne croient pas, ne prient pas comme moi.
C'est une violation de la liberté du père de famille.

« — Eh ! que ne le disiez-vous plus tôt ?

« *Ainsi l'héritage obligé des discordes, c'est ce qu'ils appellent la liberté.*
Ne pas être élevé dans la haine, c'est oppression. Imposer forcément à
son fils son esprit de colère et de malédiction, c'est ce qu'ils appellent
leur droit.

« Avant eux, Bodin disait déjà, au seizième siècle, que tout était
perdu depuis que la loi moderne avait ôté au chef de famille le droit de vie
ou de mort sur ses enfants.

« *La société laïque possède aujourd'hui plus de justice que l'Eglise.*
C'est la raison pourquoi son droit civil et politique s'est constitué indépendant du droit canon.

« *La société laïque possède aujourd'hui plus de vérités que l'Eglise.*
C'est la raison pour laquelle *son enseignement doit se constituer indépendant de l'instruction cléricale.*

« Edgar Quinet. »

Et voici l'opinion de Gambetta :

Opinion de Gambetta

« Cette éducation, il faut la faire *absolument civile ;* c'est le caractère
même de l'État. Et qu'on ne crie pas à la persécution ! L'État laisse aux
cultes la plus grande liberté, et nos adversaires sont les premiers à le
reconnaître. L'État ne peut avoir aucune compétence ni aucune action sur
les dogmes ni sur les doctrines philosophiques… Il faut que l'enseignement national soit conforme au principe même des sociétés, quel que soit
leur mécanisme, non seulement des sociétés démocratiques, mais aussi
des sociétés aristocratiques. Qui dit société dit réunion d'hommes voulant
défendre leurs droits, remplir leurs devoirs et protéger par l'association
leurs intérêts, ce qui est une chose libre, civile, laïque par excellence. »

(Discours du Havre, 18 *avril* 1872.)

« Et qu'on ne vienne pas me parler ici de violation de la liberté du père de famille. Ce n'est là qu'un ridicule sophisme à la portée de ceux qui ont fait vœu de ne pas avoir de famille. Donc l'éducation laïque, *laïque, je le répète,* c'est-à-dire une éducation faite pour des hommes qui veulent agir et se conduire en hommes qui vivent, pensent, commercent, travaillent, luttent, combattent et s'entendent dans le domaine des réalités. »

(Discours de la Ferté-sous-Jouarre, 14 *juillet* 1872.)

« ... Dans le programme républicain, comme première réforme, j'ai toujours placé l'enseignement du peuple ; mais cet enseignement a besoin d'être avant tout imbu de l'esprit moderne civil et maintenu conforme aux lois et aux devoirs de notre société.

« Là-dessus, je voudrais vous dire toute ma pensée. Eh bien, je désire de toute la puissance de mon âme qu'on sépare non seulement les églises de l'État, mais qu'on sépare les écoles de l'Église. C'est pour moi *une nécessité d'ordre politique,* j'ajoute *d'ordre social.* »

(Discours de Saint-Quentin, 17 *novembre* 1872.)

« Le père de famille doit assurer la raison à son enfant, sans cela il commet un véritable meurtre intellectuel et moral dont il doit compte à la société. Ensuite, *il faut que cette éducation nationale soit logique.* En effet, il ferait beau voir des gens qui ont rompu avec le monde, qui, comme ils le disent, se détachent de la terre et de la société des hommes, qui n'ont d'intérêt que dans un monde mystique et surnaturel, il ferait beau voir ces gens nous chercher chicane, nous parler d'oppression des consciences et nous imposer leurs croyances. Il est impossible que des hommes (qui, ayant fait vœu de célibat et de chasteté, — et vous savez comment ils tiennent leur vœu ! — ne sont pas compétents pour instruire des enfants destinés à vivre dans nos sociétés humaines), il est impossible que des hommes (qui n'ont jamais eu un cœur de père) continuent à s'arroger le droit de pourvoir à l'éducation de la France moderne. Cela est impossible, parce que cela est un danger perpétuel pour la société, qui ne vit pas d'inspirations mystiques, mais des sévères et hautes leçons de la science... Il ne faut pas que des hommes (qui ont en abomination la société moderne, qui insultent tous les jours la liberté politique, qui nient le libre arbitre, qui nient l'indépendance de l'homme, qui nient la forme républicaine), il ne faut pas que ces hommes enseignent leurs doctrines serviles aux générations futures. Les enfants sortis des mains de tels instituteurs ne peuvent être parmi nous, dans notre société arrachée au joug clérical, que des ennemis ou des dupes, et nous devons nous défendre contre ce double danger... »

(Discours de Champigny, 22 *septembre* 1872.)

« Oui, il faut partout installer le maître d'école, mais un certain maître, un maître d'école français parlant la langue des citoyens français et non pas un maître d'école parlant une langue dont le véritable vocabulaire, le véritable dictionnaire est au Vatican : *un maître d'école véritablement dévoué aux idées de la société moderne*, et non pas une sorte de prédicant ennemi de cette société et croyant faire œuvre pie toutes les fois qu'il l'attaque, qu'il l'ébranle, qu'il la décrie, qu'il la dénonce à la suspicion des faibles et des ignorants.

Léon GAMBETTA.
(Discours de Nantes, 16 mai 1872.)

*
* *

L'opinion d'un grand citoyen vivant encore, l'opinion du modeste et profond savant Berthelot, est tout aussi probante; consignons-la ici :

« L'histoire des formations et des évolutions religieuses qui se sont succédé dans l'humanité depuis sept mille ans montre qu'il n'existe entre la morale et le mysticisme aucun lien générique, aucune relation nécessaire ; pas plus dans les religions égyptienne, babylonienne et juive que dans le christianisme de l'empire romain ou dans celui qui a évolué pendant le moyen âge et les temps modernes. Parmi les nations, comme parmi les individus, les personnalités les moins morales se rencontrent souvent parmi les plus religieuses. Sans sortir de l'Europe, il suffit, pour s'en convaincre, de jeter un coup d'œil sur les populations fanatiques du midi de l'Espagne ou de l'Italie, ou bien d'étudier la vie des mystiques musulmans ou chrétiens qui ont écrit sur l'amour divin. En somme, l'histoire prouve que le développement de la morale dans le monde a été lié à la fois avec celui de la science, dont elle procédait, et des religions, qui y trouvaient un de leurs points d'appui. Mais, pas plus au point de vue extérieur de l'histoire qu'à celui de la conscience intérieure, la morale n'a été le produit des religions; c'est toujours la même illusion représentative qui transforme en cause génératrice de certaines idées les notions qui en sont issues.

« L'homme trouve la morale en lui-même et il l'objective, et il l'attribue à la divinité, tandis que c'est lui-même qui n'a cessé de la perfectionner dans le cours des âges et des peuples, par la généralisation de l'idée du devoir et de celle de la solidarité. Il a trop longtemps attribué ces progrès à des révélations religieuses, dont il était le véritable constructeur. C'est cette objectivation perpétuelle de la morale dans les religions, attestée par l'histoire et variable avec les temps et les lieux, qui a fait naître les diversités et les oppositions visées par la phrase célèbre : « Vérité en deçà des « Pyrénées, erreur au delà; » mais cette phrase ne s'applique pas en réalité à la science, elle s'applique uniquement aux croyances et à la morale religieuses. En effet, la première conséquence d'une semblable transposition des origines positives de la morale a été d'en arrêter le développement, celui-ci étant désormais figé et comme cristallisé dans les moules dogmatiques, au degré même de l'évolution où il y avait été saisi. De là a procédé l'esprit d'intolérance, naturel aux gens qui croient posséder le bien et la vérité absolus et qui, redoutant d'être ébranlés dans leur foi par la critique, veulent interdire aux autres le droit même de la discuter. C'est par là également que la notion plus haute et plus noble de la solidarité humaine a été si longtemps paralysée par celle de la charité chrétienne, noble et touchante aussi, mais qui représente un point de vue inférieur et désormais dépassé.

« C'est ainsi que la « vieille chanson » de la résignation mystique a pesé sur le moyen âge et sur ses successeurs et suspendu le progrès social en refusant aux masses populaires tout droit théorique à l'amélioration de leur condition. Ça a été une des grandes victoires de la Révolution française de proclamer les principes d'une nouvelle morale sociale dont les conséquences se poursuivent et se poursuivront désormais dans l'humanité : non sans obstacle d'ailleurs, les progrès ayant toujours été accomplis jusqu'ici au milieu des catastrophes provoquées par le conflit entre l'obstination aveugle des conservateurs et l'élan brutal des révolutionnaires.

« Berthelot. »

*
* *

A présent, voici l'opinion récemment émise par M. Hodgson Pratt sur ce même sujet :

« *Monsieur M.-A. Gromier et cher Confrère,*

« Il me semble que chez tout homme le *sens moral* a grand besoin d'être éduqué et développé.

« Chez l'homme sauvage, — soit à Tombouctou, soit à Londres, — le *sens moral* est dans une condition très élémentaire, et, si vous lui parlez de Devoir , il croira que vous vous moquez de lui.

« Toutes les facultés de l'homme demandent une éducation ou développement, et le *sens moral* plus qu'aucun autre.

« Donc, on ne peut baser une association sur un *sens commun* qui n'est pas arrivé encore à être un principe.

« Une étude commune et prolongée conduira le *sens moral élémentaire* à une reconnaissance commune de ce qu'on appelle *les lois de moralité* ou LA MORALE ; puis ces principes ou lois pourront servir de base à une association ou une constitution sociale, ou bien à une communauté ou corps politique.

« Je parle de *lois de moralité*, parce que je crois possible aux hommes éclairés et penseurs d'arriver à formuler des lois peut-être imparfaites et incomplètes, mais suffisantes pour régler l'action des individus ou des sociétés.

« Sans une entente sur ces lois, tout progrès humain me paraît impossible.

« Il y a, en effet, une condition à observer forcément pour réussir à établir un contrat harmonique entre le *capital*, le *travail* et le *talent*, de manière à bien assurer l'équité, la concorde et la coopération entre ces trois éléments si distincts.

« On doit baser la combinaison de ces trois éléments sur les lois de la morale, selon la forme sous laquelle elles sont acceptées par les grands maîtres de la philosophie et par l'opinion publique éclairée. Sans cette base, tout système humain, quelle que soit l'habileté et même la puissance de son invention, ne peut aboutir qu'à la faillite.

« Nuls statuts, nulles réglementations ne préserveront une communauté ou une association quelconque des émeutes de l'égoïsme humain, des passions humaines, des jalousies, des rivalités, des fraudes, des injustices, *si l'élément moral manque à l'œuvre*. Tôt ou tard, sans cet élément, les tendances anarchiques se feront jour et mettront fin à l'harmonie, à la concorde et à la coopération.

« Mais lorsque la morale forme la base de la constitution d'une association ou d'une communauté quelconque, quand elle est inspirée par la fraternité, alors la paix et la prospérité s'établissent et peuvent être durables.

« Si cela est vrai, *la reconnaissance d'une* MORALITÉ UNIVERSELLE *est une condition absolue de justice et de bonheur dans le monde.*

« Donc, reconnaître et déclarer cette MORALITÉ UNIVERSELLE doit être la grande préoccupation des hommes, *en dehors de ce qu'on appelle* LA RELIGION.

« *Sans le régime d'une* MORALITÉ FONDAMENTALE ET RECONNUE UNIVERSELLEMENT, la société humaine restera toujours un chaos ou un enfer.

« Amitiés,

« HODGSON PRATT. »

V. — Doctrine d'un penseur laïque

Revenons à notre *credo*, que je suis heureux et fier de savoir honoré de la sérieuse considération de M. HODGSON PRATT.

Comme tout ce qui existe, la volonté de chaque individu est soumise à des lois naturelles d'organisation et d'éducation, à des lois de milieu qu'elle ne saurait enfreindre. La volonté, pour développer mon opinion, est la résultante de toutes les forces, antagonistes ou non, qui agissent en nous, suivant notre milieu, notre éducation, notre organisation, et comme toute résultante — *la volonté est fatale*.

Cela coupe court à la vieille idée de la responsabilité individuelle et la remplace par l'idée contemporaine de la responsabilité collective. *Lors-*

qu'un crime se commet, c'est la société qui en est l'auteur coupable, non le criminel, qui n'a été que l'agent fatal des œuvres sociales vicieuses.

Un déterminisme commun, voilà ce que ma philosophie voudrait établir pour rendre la société parfaite, si ce déterminisme était parfait.

Or, cette perfection réside, si je ne me trompe, dans l'établissement d'une doctrine laïque :

1º Proclamant l'égalité des droits et des devoirs de l'homme et de la femme ;

2º Affranchissant l'esprit ;

3º Le débarrassant des liens qui l'attachent à la terre et à la chair par le principe matériel de la double incarnation théologique et monarchique ;

4º Effaçant l'injuste transmission du bien, perpétuée dans l'aristocratie ;

5º Effaçant l'injuste transmission du mal, perpétuée par le soi-disant péché originel ;

6º Accordant à chacun l'aptitude native d'aller à la vérité et la capacité native de s'éloigner de l'erreur.

Dans ces conditions, ma philosophie me procure une nette définition de la liberté sociale, cette utopie d'hier qui sera le lieu commun d'après-demain :

La liberté sociale est uniquement, pour tout homme, la possibilité morale et matérielle de se déterminer d'après des mobiles pris en lui-même, sans subir aucune contrainte du dehors.

C'est pour ces motifs qu'aux dogmes réputés immuables, aux traditions antiques, à l'autorité infaillible, au droit divin, au *Syllabus*, je préfère les croyances nouvelles de la raison humaine, l'autorité faillible, mais toujours croissante, de la philosophie, les traditions récentes de la révolution, le progrès de la science et de la pensée.

Certes, je m'incline devant la morale évangélique ; mais j'ai plus de foi dans l'avenir que dans le passé.

Je ne crois à aucun système absolu, persuadé que la raison humaine et les lumières qui en jaillissent sans cesse élargissent indéfiniment le domaine du juste et du vrai.

Je pense que nous savons plus que nos pères et que nos fils sauront plus que nous, que les becs de gaz sont préférables aux lampions fumeux et que *l'électricité n'a pas dit son dernier mot*, que les chemins de fer détrônent les pataches et que *la mécanique et la vapeur n'en sont pas encore à leurs fins*, que le protestantisme est plus rationnel que le catholicisme, que les libéraux confondront les orthodoxes et que *la pensée laïque établira tôt ou tard son empire*.

Enfin, je m'imagine que notre postérité inventera quelque jour un éclairage plus brillant pour les yeux de l'esprit, — un moyen de transport plus rapide, beaucoup plus sûr et moins coûteux pour les êtres et pour les intelligences, — un système gouvernemental fédératif plus en rapport avec les besoins des institutions réellement républicaines, — une répartition des forces, des richesses de la nature (c'est-à-dire du cosmos), plus libérale, plus fraternelle, plus égalitaire, entre tous les humains *solidarisés* par la compréhension de la *doctrine fouriériste* et dirigés par un *sens moral commun*.

Cette répartition des forces, des richesses du cosmos, je l'ai tellement rêvée, en prison cellulaire (pendant trois ans, trois mois et trois jours), qu'il m'est arrivé de réussir à la décrire, à la formuler en vingt-deux articles que publia le journal suisse *le Progrès du Jura bernois*, de Delémont, dans ses numéros 125, 126, 127, 128, 129, 130, 131 et 132, en octobre-novembre 1876, sous ce titre : *la Loi sociale de l'avenir*.

VI. — La Loi sociale de l'avenir

Les vingt-deux articles qui suivent, après leur publication à Delémont en 1876, furent édités par Josselin, à Genève, en 1877 et mis à l'index en 1878. Depuis 1878, ils n'ont jamais été republiés *in extenso*.

Je les reproduis en 1904, parce que je n'ai pas changé de sentiment à leur propos :

« ARTICLE PREMIER. — LE TRAVAIL ET LE CAPITAL, agents naturels de la richesse, étant auxiliaires l'un de l'autre, il n'est pas équitable que l'un d'eux s'arroge tous les bénéfices nets de la production. *En conséquence*, la répartition de ces bénéfices nets s'établira désormais proportionnellement au concours du *travail* et du *capital*, selon des conventions arrêtées par avance entre les intéressés des deux parties. Faute de conventions, le taux légal de l'intérêt et le cours des salaires serviront de règles d'opérations. Des comités de statistique locale seront institués à ces effets et se communiqueront leurs informations respectives. En outre, la durée de la journée de travail sera fixée selon la fatigue, l'importance ou le caractère du travail, et, dans tous les cas, elle ne pourra dépasser *dix* heures.

*   *
*

« ART. 2. — Quiconque a légitimement acquis une PROPRIÉTÉ par son travail a le droit de la léguer par testament à qui il veut : cela est admirable, au point de vue abstrait et philosophique. Mais, au même point de vue, tout homme qui naît a droit aussi à une portion du capital social pour pouvoir travailler, vivre, se développer sous tous les rapports. Or, le premier droit annule le second : il a des résultats terribles ; il engendre l'injustice exercée par une minorité vis-à-vis d'une immense majorité de prolétaires.

« *La faculté de tester*, laissée aux capitalistes, consacre une inégalité honteuse ; elle appauvrit la société en rendant les oisifs possibles ; elle entretient la haine entre les diverses classes de citoyens ; elle est essentiellement homicide, antisociale et scandaleuse, parce qu'elle enlève aux déshérités de la fortune leur part légitime d'occupation de la prospérité sociale.

« *En conséquence*, les SUCCESSIONS, directes et collatérales, seront passibles d'une taxe progressive de x o/o, sauf les cas spéciaux : vieillesse, incapacité de travail, famille nombreuse, etc.

*
* *

« ART. 3.— La BANQUE DE FRANCE, par son monopole, par son organisation féodale, par les taux arbitraires de son escompte, par la circulation extraordinaire de son papier-monnaie, prélève des primes déguisées sur l'ouvrier. Une banque quelconque, d'ailleurs, anonyme ou commanditée, ne puise sa puissance d'action que dans la confiance qu'on lui témoigne ; elle reçoit le crédit des porteurs de ses billets plutôt qu'elle ne le fait, car le remboursement brusque des dépôts arrêterait net les opérations financières. D'autre part, la *Banque de France* s'est fait octroyer de pernicieux privilèges de toute sorte par les divers gouvernements en retour des services qu'elle leur a rendus en leur avançant des sommes importantes. Le peuple paie l'intérêt de tous ces emprunts à un taux qui devient même de la spoliation. *En conséquence, la Banque de France* sera réunie au domaine de la nation, fonctionnera à son compte, sera déclarée institution d'utilité publique et portera le nom de *Banque nationale*.

« Le taux de son compte sera fixé, provisoirement, à 3 o/o, jusqu'à ce qu'on puisse le réduire à un quantième simplement suffisant pour payer les frais généraux et constituer une espèce de *caisse d'assurances* ayant pour objet de racheter et retirer de la circulation les valeurs impayées. Les régents et hauts fonctionnaires de la banque actuelle seront remplacés par des délégués administratifs nommés par les députés, les conseils municipaux, les conseils généraux et les chambres de commerce de chaque département, sous la surveillance permanente de l'Assemblée. Les actionnaires seront remboursés, d'après le cours moyen des dix dernières années, en rentes sur l'État.

*
* *

« ART. 4. — La **dette publique** cessera de porter l'intérêt actuel ; elle sera convertie en rentes ɪ o/o jusqu'à amortissement définitif.

« *Provisoirement*, les **intérêts et dividendes** de toutes obligations, actions, valeurs quelconques des sociétés industrielles, financières et commerciales, en commandite ou sous forme d'anonymats, seront réduits ensemble à 1 o/o du capital versé ; le reliquat appartiendra à la nation.

« Les **compagnies privilégiées** de chemins de fer, navigation à vapeur, mines, canaux, gaz, eaux, voitures publiques, tramways, etc., seront exploités par les ouvriers et employés, *pour leur propre compte*, sous forme d'associations coopératives. Ces ouvriers et employés rembourseront les actionnaires d'après le cours moyen des dix dernières années, par annuités de x o/o, augmentées d'une indemnité à débattre.

*
* *

« Art. 5. — **L'impôt** représente la mise en valeur et les frais d'exploitation du **capital national**. Le capital d'une nation est l'ensemble des utilités qu'elle possède. Le capital d'un particulier est l'ensemble des utilités qu'il possède.

« Ces utilités peuvent être fixes ou circulantes ; de là deux sortes de capitaux. Les capitaux *fixes :* sol, constructions, machines, outillages, navires, voitures, animaux servant à l'exploitation, ustensiles de ménage, objets d'art.

« Les capitaux *circulants :* matières premières, marchandises, monnaies. L'impôt ne doit jamais frapper la circulation. L'impôt ne doit pas frapper l'homme, mais être prélevé sur la chose. L'impôt ne doit jamais entraver la liberté du travail.

« L'impôt doit être *unique*. L'assiette de l'impôt doit être *fixe*.

« L'impôt doit être prélevé sur le capital total de la nation ; chacun doit y contribuer au prorata de la portion du capital dont il est possesseur. L'impôt doit être défini, non arbitraire. L'impôt doit être levé à l'époque et de la manière qui conviennent le mieux au contribuable. Tout impôt doit être perçu le plus économiquement possible. Les taxes indirectes qui existent présentement sont toutes en contradiction flagrante avec ces règles établies d'après la véritable science économique.

« *En conséquence*, tous les impôts indirects actuels seront abolis et remplacés par une taxe de x o/o, progressive, *sur les capitaux fixes*.

*
* *

« Art. 6. — *L'impôt du capital fixe* est connexe avec l'**impôt de l'intelligence**. A supposer l'exactitude de cette mémorable phrase de Guizot : *L'influence d'un pays dépend de sa richesse*, — cette phrase serait connexe avec cette autre de Ch. Robert : *La diffusion universelle de l'instruction populaire est au premier rang parmi les grandes causes qui doivent faire battre les cœurs ; le développement de l'esprit, accompagné de l'éduca-*

tion de la volonté, c'est pour les peuples la condition absolument nécessaire du progrès moral et matériel et de la vraie liberté. — En conséquence, les contribuables doivent entretenir les établissements **d'instruction primaire** et les citoyens doivent être obligés de livrer leurs enfants aux dispensateurs de l'instruction.

« Tout citoyen *instruit* comprend ses droits et les fait valoir, comprend ses devoirs et les remplit. Par suite, le jour où chaque électeur, *par son instruction,* aura les moyens de comprendre qu'il est une des parties agissantes de la souveraineté, — le jour où la science sociale aura pour base la science de l'homme, — ce jour-là les tyrannies et les superstitions s'effaceront naturellement, n'ayant plus de raison d'être. L'on fera alors de la politique vraiment sociale ; l'on pourra accepter la responsabilité de ses actes : l'on ne passera plus sa vie à changer de maîtres.

« *En conséquence,* tout jeune homme ayant atteint 21 ans ne [sera inscrit sur les listes électorales qu'à la condition de justifier qu'il sait *lire et écrire.*

« Au résumé, **l'enseignement primaire** sera libre, gratuit et vocationnel : au fond, nous l'avons prouvé, la gratuité est un leurre, l'impôt payant toutes les dépenses.

« Quant au terme vocationnel, nous l'employons au lieu de professionel, pour préciser le but de l'instruction.

« Enfin, sous la réserve de la clause exigible pour être électeur, l'enseignement ne sera *obligatoire* que si les communes indemnisent les parents des enfants dont les labeurs sont utiles à leurs familles.

* * *

« Art. 7. — En Suisse, les élèves des écoles, à partir de l'âge de douze ans, s'exercent d'ordinaire au métier des armes deux fois par semaine.

« Tous les citoyens âgés de 20 ans entrent ensuite dans l'armée d'élite, chaque canton fournissant trois hommes sur cent habitants.

« De 28 à 30 ans on passe dans la réserve, égale toujours à la moitié de l'armée d'élite ; puis on fait partie de la landwehr jusqu'à 44 ans.

« **L'armée,** ainsi composée, est laissée à ses affaires ; elle ne court pas les garnisons ; chaque soldat-citoyen est simplement soumis à des exercices dans son pays, et tous les deux ans seulement il y a un exercice en corps d'armée.

« Enfin, une fois dans la landwehr, on n'est plus soumis à aucun exercice ; on ne peut être appelé que si la Confédération est en danger. Ce système donne 188.000 hommes pour deux millions et demi de nationaux, c'est-à-dire 94 soldats-citoyens par mille habitants ; en France, sur une population de 30.000.000 d'âmes seulement, il procurerait donc le chiffre énorme de 2.820.000 soldats-citoyens.

« Pour maintenir chez elle ce système, la Confédération suisse dépense annuellement un peu plus de 3 millions ; l'un des principaux cantons (Zurich) dépense 447.000 francs *pour l'armée* et 708.000 francs *pour l'instruction publique.*

« *En France,* un contribuable payant un dix-millionième des impôts, s'il est touché dans une égale proportion par tous, donne, sur un ensemble de 159 francs d'impôt direct et de contributions indirectes : 62 fr. 51 *à la Guerre et à la Marine,* et *au ministère de l'Instruction publique* 2 fr. 55 (deux francs cinquante-cinq centimes !). Ces chiffres nous dispensent de commentaires.

« *En conséquence,* le système suisse sera employé pour la formation **de l'armée française,** ce système permettant de donner les plus larges garanties à la défense du pays, tout en accordant satisfaction aux besoins de la production et au principe d'égalité.

« *Provisoirement,* l'armée actuelle sera occupée à l'exécution de grands travaux publics, ayant pour but de parer aux désordres que les cultures inintelligentes ont causés sur la planète terrestre, et à l'exécution de toute entreprise qui, étant d'utilité générale et devant profiter à tous, doit être payée par tous.

*
* *

« Art. 8. — Toutes **subventions** accordées par l'État aux théâtres et autres établissements publics de ce genre seront provisoirement supprimées, en attendant la moralisation et la renaissance des beaux-arts de par l'initiative individuelle et populaire, ainsi que la régénération des académies subventionnées, qui sont pour l'instant autant de lupanars officiels.

« Des **récompenses nationales** décernées au jugement de l'opinion publique seront accordées annuellement aux auteurs des productions artistiques les plus remarquables, aux industriels et agriculteurs dont les exploitations se perfectionneront davantage et aux auteurs des inventions et découvertes utiles.

*
* *

« Art. 9. — Le **divorce** sera autorisé lorsque les époux n'auront pas d'enfants mineurs, et sous des garanties expresses pour la moralité nationale.

« Il sera fait revision du Code, en ce qui concerne la **servitude civile de la femme,** afin d'abroger toutes les lois injustes auxquelles sont soumises les mineures, les jeunes filles, les abusées et même les mères de famille.

« Tous les enfants, pour établir leur **filiation,** auront droit de présenter au jury les preuves dont ils parviendront à disposer.

*
* *

« Art. 10. — Les sous-préfectures, les conseils de préfecture, les conseils d'arrondissement *seront supprimés*.

« La suppression des **notariats** et la répartition de leurs attributions aux divers bureaux des hypothèques, des perceptions et des greffes seront mises à l'étude.

*
* *

« Art. 11. — Une réduction de 10 o/o sera faite sur tous les **tarifs, honoraires, droits** et **commissions** des offices ministériels : notaires, avoués, huissiers, greffiers, agents de change, courtiers, pescurs-jurés, commissaires-priseurs et autres employés dont les titulaires relèvent de l'État, bien que personnellement responsables et indépendants.

*
* *

« Art. 12. — Une réduction de 10 o/o sera imposée aux compagnies de chemins de fer, aux messageries, aux postes, aux télégraphes, aux paquebots et, généralement, à toute corporation exerçant, par **privilèges**, des services publics ou des fonctions libres.

*
* *

« Art. 13. — Les **monts de piété** diminueront de 20 o/o le taux de l'intérêt de leurs prêts. Tous les objets engagés présentement pour une somme inférieure à 5o francs, moins les objets de luxe, seront restitués gratuitement, par séries, et en commençant par les instruments de travail.

*
* *

« Art. 14. — Tout **cumul d'emplois,** lorsque la somme des traitements réunis atteindra 6.ooo francs, sera interdit.

« Les petits fonctionnaires auront un **minimum** d'appointements leur permettant de vivre : ce minimum ne sera jamais inférieur à 1.8oo fr.

« Le **maximum** d'appointements des hauts fonctionnaires ne sera jamais supérieur à 12.ooo francs. *Les frais de représentation* seront à la charge de la nation, mais ne se solderont que sur mémoires authentiques.

« Les **pensions** seront réduites ou augmentées, d'après une échelle proportionnelle aux services rendus et aux besoins des titulaires : elles varieront de 6oo francs à 6.ooo francs.

* * *

« Art. 15. — Le prix des **loyers,** sur tout le territoire, sera réduit à
1 o/o de la valeur expertisée des maisons, déduction faite de l'amortissement des frais d'entretien et des contributions. Le loyer sera payé jusqu'à
liquidation de l'immeuble, augmentée d'une prime de 10 o/o à titre d'indemnité. Il sera tenu compte aux locataires des sommes payées jusqu'à
ce jour aux propriétaires actuels.

« Les baux actuels seront prolongés de cinq ans, à la convenance des
locataires. Après achèvement du paiement de l'immeuble et de l'indemnité,
le bail relèvera de la commune, qui *se substituera* à l'ancien propriétaire et
pourvoira à la perception subséquente des locations comme à l'entretien
du local.

* * *

« Art. 16. — Tout paiement de **fermage,** ou rente foncière, pour
l'exploitation des terres, prairies, vignobles, etc., de toute qualité, acquerra
au fermier une part de propriété dans l'immeuble et lui vaudra hypo-
thèque.

« Le taux des fermages sera réduit de 10 o/o sur la moyenne des
vingt dernières années.

« Les baux actuels seront prolongés de cinq ans à la convenance
des fermiers. La valeur des propriétés affermées sera calculée en prenant
la redevance allouée comme x o/o du capital.

« Lorsque, par l'accumulation des annuités, le propriétaire sera rentré
dans la valeur de son immeuble, augmentée d'une prime de 10 o/o à titre
d'indemnité, la propriété relèvera immédiatement de la commune, qui
succédera à l'ancien propriétaire et *pourvoira à l'organisation agricole.*

« Les terres non cultivées feront retour aux communes, qui devront
s'entendre pour égaliser entre elles les différences de qualité des terrains
et les accidents de culture.

* * *

« Art. 17. — L'État garantit à tout **créancier hypothécaire**
d'une maison ou d'un terrain de rapport devenu par amortissement propriété nationale, le remboursement de ses capitaux par annuités de
x o/o ou intégralement, suivant le cas. Jusqu'à parfait remboursement, il
ne sera payé au créancier qu'un intérêt de 1 o/o sur la somme due.

* * *

« Art. 18. — La **justice** sera unique dans sa forme et à deux degrés
seulement : il n'y aura qu'une *cour d'assises* et une *Cour de cassation* au
lieu de vingt tribunaux différents.

« Plus de distinction entre la justice civile, administrative, commerciale, militaire et maritime. Publicité manifeste du tirage au sort du jury.

« Abolition de la peine de mort.

« Abolition de la *détention préventive*, sauf pour les cas de flagrant délit ou de certitude et de cautionnement moralement et matériellement impossible.

*
* *

« ART. 19. — Le **système pénitentiaire** sera ramené à l'unité, autant que possible, par la fondation exclusive de colonies agricoles et industrielles, — continentales ou coloniales selon la nature des crimes et le caractère des criminels. Ces *colonies pénitentiaires* seront administrées par les délégués des autorités départementales sous leur contrôle, et avec le concours actif de la magistrature et des commissions de surveillance, de relèvement et de patronage.

« La vieille et absurde idée du châtiment disparaîtra du Code pénal: les condamnés, surveillés par des employés laïques convenablement rétribués, seront traités en malades plus ou moins guérissables et plus ou moins dangereux, plutôt qu'*en ennemis et en bêtes fauves dont il importe seulement d'assurer la garde matérielle*, suivant l'inqualifiable doctrine de Jaillant, jadis directeur général des prisons de France.

*
* *

« ART. 20. — Il faut joindre en fait la **liberté philosophique** à la liberté politico-sociale, et pour cela : travailler à affranchir l'esprit humain du joug théologique, préserver la morale de la corruption qui résulte de l'amalgame de la religion avec la politique, éliminer les choses dites célestes des choses terrestres, l'inconnu du connu, la révélation prétendue de l'incontestable évidence.

« Simultanément, il ne faut pas laisser peser les frais des cultes sur ceux qui ne pratiquent point les religions reconnues.

« *En conséquence*, toute cure dont les paroissiens, à la majorité des trois quarts des chefs de famille, demanderont la suppression sera supprimée au budget des cultes, en attendant la *séparation radicale de l'Église et de l'État*, admise en principe.

*
* *

« ART. 21. — **Les lois sur la presse**, s'écrie Fiévée avec une finesse attique, *c'est comme la paille qu'on étend devant les maisons, et qui n'empêche ni les voitures de rouler ni les malades de mourir.*

« Il n'y a pas, en effet, d'autre législation possible pour la presse que la liberté tout entière, comme en Amérique.

« Là, dit M. de Tocqueville, la presse a une grande influence, mais elle ne s'exerce pas de la même manière qu'en France.

« L'on n'ajoute que très peu de valeur aux opinions des journalistes et la presse n'obtient d'influence que par les faits qu'elle publie et la tournure qu'elle leur donne : tout ce qui est dans le domaine de l'opinion est parfaitement libre ; on n'exige, en outre, ni timbre, ni cautionnement, ni brevet d'imprimeur. Aucun obstacle n'existe. Opinion contre opinion, journal contre journal ; l'équilibre en résulte.

« Il n'y a pas en Amérique, il ne peut pas y avoir en France de délit de presse, parce qu'il n'y a nulle part, parce qu'il ne peut pas y avoir jamais de délit d'opinion.

« *En conséquence,* pourvu qu'il n'y ait ni diffamation, ni injure, ni provocation directe — suivie d'effet — à un crime ou à un délit, *la liberté de la presse sera complète, absolue, sans mesure.*

*
* *

« Art. 22. — **La loi sur les réunions** nous permet à peine de nous rassembler dans un lieu couvert et d'y parler sur tout, *pourvu que l'on n'y dise rien.* Il faut à la France le mode des *meetings* anglais pour compléter son système néo-social.

« Que se passe-t-il, en Angleterre, lors de ces fameux meetings ou *assemblées publiques,* dont nous voudrions voir tolérer l'importation dans notre pays ? Une grande injustice a-t-elle été commise, des élections sont-elles prochaines, s'agit-il de prendre la défense d'un principe humanitaire méconnu, — sur un mot d'ordre lancé par une association, sur un avis publié par un journal, le plus souvent sur l'initiative d'un simple citoyen et au moyen de quelques affiches, — on voit aussitôt se dérouler, à Londres, de London bridge à Trafalgar square, l'imposante manifestation de tout un peuple ; — ou bien, dans Saint-Martin's Hall, se réunissent par milliers orateurs populaires, candidats et électeurs ; — ou encore sur le piédestal d'un réverbère, dans Oxford street, Piccadilly, Tottenhamcourt road, Hyde park, etc., devant la foule toujours croissante des cockneys (qu'il ne faut point confondre avec nos badauds étourdis), grimpe un O'Connell improvisé que l'indignation et le patriotisme inspirent et dont les mâles accents vont remuer dans leurs dernières ramifications les agglomérations si diverses de la population londonnienne.

« Au milieu de tout cela, pas de soldats, pas de sentinelles, pas de guérites, pas de postes militaires, pas d'agents provocateurs ; — surtout, point de commissaires avec écharpe tricolore, point de sommation au son du tambour, point de chassepotades, point de charges de cavalerie...

« Parfois, isolé dans la foule, et surveillant un pickpocket, un policeman attendri ou enthousiasmé... Puis, rien, rien qu'un peuple libre, exerçant librement un droit indéniable. Rien, rien que des citoyens affirmant de concert qu'ils veulent faire eux-mêmes leurs affaires et défendre eux-mêmes leurs intérêts.

« *En conséquence, abrogation et transformation véritablement libérale de la* **loi sur les réunions**. »

*
* *

Certes, bien des choses sont améliorables dans ces vingt-deux articles de loi ; bien d'autres sont très discutables encore, parce que le progrès n'a pas achevé de leur frayer le chemin des esprits...

N'importe, je crois que ces vingt-deux articles de loi sont les bons jalons du vrai chemin de la *Paix Sociale* dont l'Association internationale économique a publié le programme dès 1865 et l'a vulgarisé depuis, en l'augmentant.

VII. — **Programme de l'***A. I. E.*** *des Amis de la Paix Sociale*

Résumé des articles votés, le 5 juillet 1865
par les onze personnes présentes

La *Paix Sociale* exige en Europe : l'uniformité du calendrier, — l'uniformité du méridien, — l'uniformité des poids, des mesures, des monnaies, — l'uniformité des tarifs postaux et télégraphiques, — l'uniformité du prix kilométrique des transports par kilogramme de marchandise expédiée, — l'uniformité des tarifs de chemins de fer et des paquebots pour les voyageurs et les passagers, — enfin, *l'abolition des passeports, des péages, des octrois et des douanes* à l'intérieur des pays européens.

Sans l'adoption des théories et la pratique des conditions du *système métrique décimal,* — sans l'adoption d'un *timbre-poste international,* — au résumé, sans la constitution d'un *contrat international* égalisateur de la production et des échanges entre les pays européens, la *Paix Sociale* ne s'établira pas. C'est d'abord une *fédération des Etats d'Europe,* qui, seule, par ces moyens pratiques, pourra produire ensuite la *Paix universelle par l'entente des peuples.*

Supplément voté, le 7 octobre 1900, par 90 délégués
de tous pays

L'union, la fédération, la paix, se créent toujours pour des causes absolument économiques.

Malgré la différence des langues, des nations et des régimes gouvernementaux, les peuples ont toujours certains intérêts matériels identiques : c'est ce qui constitue la nationalité des intérêts dominateurs.

Les intérêts dominateurs sont surtout les intérêts sociaux que les intérêts commerciaux pervertissent actuellement.

Quand ces intérêts seront plus facilement communs, de pays à pays, l'union, la fédération, la paix sociale, établiront plus aisément entre ces pays-là et les intérêts commerciaux moraliseront au lieu de pervertir.

Donc, plus les communications deviennent rapides entre deux peuples, plus économiquement et socialement ces deux peuples deviennent voisins, associés, frères. Principalement alors qu'une uniformité de moyens d'action internationale occasionne cette fraternisation pacificatrice:

Pour ces raisons :

L'Association Internationale Économique des Amis de la Paix,

Considérant que l'Association a été fondée, en 1865, par Gromier, son président depuis lors, pour établir un pacte organisant en Europe l'unité, la vérité et la justice ;

Considérant que ce pacte indispensable ne peut être établi sans un libre-échange préalable d'idées théoriques et pratiques entre les nations, tant à propos des nécessités sociales qu'à propos des rapports commerciaux ;

Basant la déclaration présente sur les principes économiques adoptés à Londres, à Bruxelles, à Paris, de 1889 à 1900, par les membres de la presse socialiste internationale, dans leurs conférences et leurs congrès ;

Approuvant, avec une joie sincère, les résolutions excellentes qui viennent d'être votées au *IX° Congrès International de la Paix*, au palais de l'Economie Sociale, à Paris,

Reconnaît, avant tout, la nécessité de resserrer les liens entre les publicistes philanthropiques de tous les pays et, pour cela, l'urgence de l'immédiate création d'une *Union Fédérative de la Presse Socialiste Internationale* ;

Affirme, plus que jamais, que la *Paix Sociale* ne peut exister tant que les chefs des peuples auront le droit de déclarer la guerre, sans avoir auparavant consulté les peuples par un *referendum;*

Affirme, plus que jamais, que l'*arbitrage international* ne peut avoir d'utilité tant qu'une *force internationale* n'aura pas été formée pour imposer l'observation des décisions des arbitres ;

Affirme, d'ailleurs, plus que jamais, que les chefs des peuples ont tous un intérêt vital à faire la guerre, tandis que les peuples ont tous un intérêt constant à demeurer en paix.

Supplément voté, le 15 novembre 1901, par le bureau-directeur et approuvé, le 27 décembre suivant, par les 90 bureaux-succursales.

L'A. I. E. des Amis de la Paix déclare :

1° Qu'elle met tout son espoir dans ce que décidera le *Troisième Meeting International Socialiste*, après la *Grande Conférence Publique de 1902;*

2° Que, *lors de n'importe quelle élection dans n'importe quel pays*, ses membres et ses partisans ne voteront et ne feront voter que pour les candidats qui se seront engagés, au préalable, *à toujours refuser toute augmentation de dépenses militaires qui n'auraient pas pour but exclusif la défense de la nation contre une attaque d'une autre nation se refusant à un arbitrage sérieux ;*

3° Enfin, que ses membres et ses partisans doivent exiger, en 1902, des députés de leur pays, le vote de la motion suivante :

La Chambre invite le Gouvernement à donner à ses délégués à la prochaine *Conférence du Désarmement*, que convoquera *n'importe quelle représentation nationale*, le mandat de proposer :

1° La constitution d'un Tribunal International d'arbitrage, avec sanction pratique pour tous différends entre les gouvernements des pays représentés à la Conférence :

2° La transformation parallèle des forces militaires belliqueuses de chaque pays en forces défensives par la transformation progressive des armées permanentes en milices nationales sédentaires et productrices ;

3° Cette transformation effectuée, une réduction semblable et graduelle de l'armement et des dépenses militaires ;

4° Enfin la réunion périodique de Conférences Internationales en vue de l'établissement d'une législation internationale et d'offices internationaux : pour la protection du travail et des travailleurs, pour le règlement égalisateur des conditions internationales de la production, du commerce, des transports, de l'échange, et pour l'organisation normale de toutes les relations internationales.

N. B. — Les années 1902 et 1903 viennent de mettre dans le domaine électoral public la plus grande partie de ces *desiderata* des électeurs amis de la Paix.

** **

Enseignement laïque, Morale laïque, Loi sociale, Programme de la Paix sociale, ce sont là bien des développements déjà pour le *Credo d'un socialiste pacifique !*

Que mes lecteurs et mes amis veuillent bien m'excuser et s'imposer encore l'examen des pages qui vont suivre, car il faut que je leur explique mon *Credo* de toutes les façons, théoriquement, pratiquement, physiquement et psychiquement. Je ne pense point, en effet, qu'il puisse me suffire de leur énumérer les perfectionnements que je voudrais faire apporter à leur existence. Mais je crois fermement que lorsque l'homme aura goûté de ces perfectionnements, il aura goûté, je suppose, à cet arbre symbolique de vie placé par la Genèse mosaïque dans Eden.

Alors, il sera réellement mis au courant de son éternité, puisqu'il comprendra qu'il a toujours vécu et ne mourra jamais, — comme les *Elohim* des israélites, — étant formé d'atomes éternels qui, après leur décomposition apparente, rentreront dans le mouvement cosmogonique, leur père.

VIII. — Le Cosmos-Dieu est éternel et infini

Cette dernière affirmation exige un développement ; je ne le ferai point désirer. En cosmogonie, je crois à l'éternité du temps, à l'infini de l'espace, à l'existence et au mouvement de la matière.

Si le temps avait commencé à une époque déterminée, qu'eût-il pu y avoir auparavant ? — Rien. — Or, rien, c'est toujours du temps.

Si les siècles finissaient, si tout rentrait dans le néant, que resterait-il après ? — Rien. — Or, rien, c'est toujours du temps.

Si l'espace était limité, que trouverions-nous au delà de cette limite ? — rien que le vide obscur. — Or, le vide obscur ou clair, c'est l'espace encore. Notre imagination ne pourra fuir l'espace ; le lieu où elle se réfugierait affirmerait toujours son infinité. J'ajoute que l'espace est éternel comme le temps et que la matière est éternelle comme le temps et l'espace. Et j'ajoute également que la matière est infinie et remplit l'espace entièrement, le vide n'existant point *normalement* dans le cosmos.

Reste à déclarer si la matière possède intrinsèquement la propriété de se mouvoir, de s'organiser et de produire la vie. Ma déclaration sera affirmative.

La matière est formée de petites masses, séparées entre elles par des lacunes, s'attirant mutuellement et en rotation perpétuelle ; ce sont les *molécules physiques*. — Les molécules physiques sont, à leur tour, formées de masses plus petites, séparées aussi les unes des autres et se mouvant aussi continuellement ; ce sont les *atomes chimiques*. — Les atomes chimiques sont constitués eux-mêmes par une grande quantité de masses infinitésimales, jouissant de mouvements vibratoires dont l'amplitude varie d'un corps à l'autre ; ce sont les *ultimates*. Or, grâce au microscope, nous savons que les propriétés et les combinaisons de corps agissant sur eux-mêmes servent à leur tour, sous l'influence des lois naturelles, à la formation lente, progressive, successive, graduelle, des organismes vivants qui couvrent le monde et dont les plus élevés atteignent, sous forme d'hommes, à la vie intellectuelle, — cet épanouissement suprême de la vie organique.

Il y a pourtant mieux encore ! Non seulement la matière se meut, s'organise et produit la vie, — mais, de plus, sa quantité totale ne peut ni augmenter ni diminuer. Elle peut simplement plus ou moins s'échauffer, plus ou moins se refroidir ou diminuer sa densité, s'étendre, se rétrécir, se briser. C'est ce qui occasionne le commencement et la fin des planètes ; c'est ce qui a occasionné la fin de la lune qui manque à la terre depuis déjà des milliers d'années et dont les aérolithes sont des fragments ; c'est ce qui occasionnera la fin de notre lune actuelle, dont on pourrait presque, à jour fixe, décrire la disparition ; c'est ce qui a occasionné le commencement de la terre, il y a quelques milliards d'années, et c'est ce qui occasionnera sa fin, vers une époque que, dans deux ou trois cents ans, peut-être, les savants, profitant des expériences et des calculs antérieurs, pourront essayer de déterminer approximativement.

Encore ne finira-t-elle pas : elle s'éparpillera et rentrera dans les *molécules*, dans les *atomes*, dans les *ultimates* en mouvement pour une autre agrégation.

Ces expositions de principes étaient absolument indispensables ; maintenant, je reviens à mon critérium général, au libre-arbitre, à la conscience.

IX. — Progrès de la pensée libre

L'idée du droit de l'homme, en tant que résumé de la merveille cosmogonique, en tant qu'Homme-Dieu, — l'idée du droit de l'homme complet, en tant que son propre pape, son propre roi et son propre juge, — cette idée, véritable phare de l'histoire, ne date pas d'hier !

Bien avant Jésus-Christ, elle existait chez les grands-prêtres de la Chine, de l'Inde, de l'Egypte, de l'Arabie. Seulement, elle s'enseignait exclusivement à un très petit nombre d'initiés, lors de la célébration des fêtes suprêmes, dans l'intérieur et au plus profond des temples secrets réservés aux adeptes.

Salomon l'effleura dans ses livres ; Jésus la développa dans les paraboles qui lui sont attribuées. Malheureusement, Paul excepté, personne, parmi les disciples, vrais ou faux, du Christ, ne sut professer cette idée après lui, et elle resta confuse.

Au moyen âge, elle jeta des lueurs au temps d'Abailard, et peu après Erasme la fit presque briller dans son admirable *Eloge de la Folie*. Toutefois, lors de la Réforme, il ne faut pas croire que Luther et Calvin firent autre chose que de la signer de leurs noms. Au témoignage d'Agrippa d'Aubigné, Luther et Calvin trouvèrent l'œuf, mais ne brisèrent point sa coquille.

Il fallut Cromwell en Angleterre, — Penn et Franklin en Amérique, — Jean Jacques-Rousseau, en 1793, en France, pour mettre l'esprit humain en possession de ce droit si naturel et faire éclore l'idée de la trilogie panthéienne : *Liberté, Egalité, Fraternité*, que le mot fouriériste résume si bien : HARMONIE SOLIDARISTE.

Hélas! malgré 1793 et 1871, ce droit d'examen est encore à peine légalisé — bien que forcément reconnu !

1815, 1830, 1848, 1851, nous ont prouvé et 1871, 1903, nous prouvent combien il s'en manque que la conscience guide uniquement et souverainement les humains !... et surtout leurs gouvernants !

1904 sera-t-il plus consolant ?

J'hésite à l'espérer ! Pourtant, j'aperçois des chances... : *à quelque chose malheur est bon*, dit le proverbe, et les discussions égoïstes des rois me paraissent devoir faciliter l'union désintéressée des peuples ; la solidarité me semble couver sous la conflagration : *contraria contrariis curantur !* Édouard VII, Guillaume d'Allemagne et Nicolas de Russie préparent peut-être l'avènement du droit, — malgré l'égoïsme de John Bull d'Angleterre, du révérend Oncle Sam d'Amérique et de tous les Dynastiqués autocrates !

Donc, pour la conclusion, malgré tout : *je crois en la conscience !* et n'ai pas d'autre loi.

La conscience protège en moi ce que l'on nomme la pensée de Dieu. L'amour du bien, l'horreur du mal, voilà la base unique de mon système.

Qu'est-ce que le bien ? Qu'est-ce que le mal ?

On peut les définir l'un et l'autre.

Quant à la conscience, elle ne se définit pas : elle se sent ; c'est l'âme personnelle à chaque intelligence humaine.

Hélas ! pourquoi faut-il qu'aujourd'hui les notions du bien et du mal, du juste et de l'injuste ne servent que si rarement à la direction des intérêts sociaux ?

Progrès ! à la rescousse ! Puisses-tu nous délivrer des immondices de la politique *religieuse* et de la morale *parlementaire* à la mode du jour, *chez les pseudo-républicains aussi bien qu'ailleurs...*

Progrès ! puisses-tu bientôt nous donner finalement une République républicaine *en France*, — une Fédération des États-Unis *en Europe*, — et, dans le monde, l'*Harmonie-Solidariste*, c'est-à-dire : la Paix sociale rendue inébranlable par le sens moral commun.

Mais, surtout et pour conclure, ô *Progrès !* puisses-tu suggérer aux hommes la sage idée de mettre les lois à la hauteur de tes bonnes et incessantes découvertes !

O progrès ! tu changes les moyens de transport, les modes de correspondances et de relations, les conditions de l'industrie et du commerce, les règles des échanges et des paiements, la manière de se vêtir et de se loger, la façon de se nourrir et les systèmes d'alimentation, la nature des besoins physiques et des nécessités matérielles, les goûts intellectuels et les capacités des esprits, les habitudes, les obligations, les passions, les mœurs, les besoins, les droits, les devoirs, les religions, la morale, la vie entière... Et, pourtant, les hommes n'ont pas encore songé à changer les lois humaines régissant l'humanité !

O progrès ! tu as tout changé, hormis ces lois !!! De là vient le mal dont chacun se plaint partout...

La Paix Sociale doit être le résultat de l'harmonie générale.

Donc, il faut conformer les lois humaines aux progrès des sciences et aux incessantes transformations de l'humanité.

Que les gouvernants y prennent garde !

Et que les gouvernés n'oublient pas que l'amélioration de leur existence dépend de l'amélioration des lois, en même temps que du progrès des sciences qui doit faire fatalement progresser les mœurs.

X. — Avis aux gouvernants

« Messieurs,

« Nous avons terminé la nomenclature des *moyens* dont vous devez vous servir si vous avez à cœur, ainsi que nous le souhaitons, la constitution sociale des êtres et la pacification des esprits. De quelque côté que vous attaquiez ces voies et moyens, espérons que vous finirez par en avouer la justice et l'opportunité.

« N'opposez donc pas à nos cris de concorde des sarcasmes indécents. Feuilletez notre écrit avant de nous appeler démagogue, utopiste, pétroleur.

« Surtout, lecture faite, ne vous contentez pas de répondre : *Le présent nous suffit, l'avenir appartient à Dieu.* Ce serait une singulière bévue de votre part.

« Si l'humanité demeure dans l'enfance, si elle reste toujours dans les langes de son berceau, loin de s'élancer radieuse et fière à la conquête du droit, la cause en est à ce *fatalisme* aveugle et coupable, ou plutôt à cet *égoïsme* des conducteurs de peuples, dans l'ordre politico-social, et à la *mauvaise foi* des prétendus savants, dans l'ordre économique pur.

« Un libre arbitre *bien déterminé* manque encore à notre société ; nous voulons dire, messieurs, que vous manquez de cette *justice suprême,* règle constante et invariable de toute intelligence, qui illumine la conscience de l'homme et doit servir de base aux lois sociales, comme diriger les actes de l'individu.

« En effet, fermer les yeux pour ne pas voir les étoiles, ce n'est pas supprimer les nébuleuses ; briser le baromètre ne serait pas supprimer la pression de l'air ; déchirer un traité d'arpentage ne serait pas supprimer les procès pour délimitation foncière ; se boucher les oreilles pour ne pas entendre les cris des prolétaires affamés, ce ne serait point supprimer le prolétariat, ce ne serait point supprimer la misère.

« Et, cependant, c'est ce que vous semblez vouloir continuer de faire ! Sous quel prétexte, s'il vous plaît ? Par crainte d'occasionner la fin du monde, en diminuant le superflu des riches pour donner aux pauvres le nécessaire ! ! ! ·

« Messieurs, il y a 1900 ans, **l'esclavage** était la pierre angulaire de tout gouvernement : les livres sacrés en main, on démontrait que les dieux mêmes avaient réglé les *contradictions sociales* et, d'après l'affirmation universelle, la pensée de résoudre les problèmes sociaux ne pouvait germer, sinon dans le cerveau d'un halluciné, ennemi de tout ordre établi par la tradition naturelle.

« Alors parut un homme extraordinaire, sans crédit, sans fortune, sans autre influence que celle de sa parole. Il parcourut la Judée : immédiatement, les doctrines de la *fraternité* se répandirent par toute la terre.

« Les citoyens honnêtes et modérés, les *conservateurs* de l'époque proscrivirent ces doctrines nouvelles et mirent en croix leur sublime auteur entre deux larrons, comme factieux, barbare, insurgé, partageux, socialiste...

« Pourtant, qu'est devenu l'*esclavage antique?* La civilisation a-t-elle sombré en supprimant ce rouage odieux, ou s'est-elle perfectionnée ?

« De même, le **servage féodal** qui succéda à l'ilotisme païen fut maintenu jusqu'au dix-huitième siècle par les rois, les nobles et le clergé, malgré les protestations des encyclopédistes. Arriva la Révolution de 1789 : où est à présent le *servage féodal*, et qui se plaint de sa suppression ?

« Aujourd'hui, cependant, le **prolétariat**, *moderne expression du servage et de l'esclavage transformés*, le **prolétariat** paraît définitivement mûr pour son dernier affranchissement, et vous voudriez attendre qu'il devînt un péril social ?... Spartacus est à vos portes, et vous délibéreriez ?...

« Prenez garde! la **réforme économique** pourrait s'effectuer en dehors de l'action politique et *pacifiquement,* si vous y mettiez de la bonne foi et de la bonne volonté. Que si, au contraire, vous vous osez refuser à participer *législativement* à cette évolution, — vous le verrez trop tard, — la force des choses amènera l'absorption de la politique pure dans l'action socialiste, et vous serez tous submergés.

« Rien n'arrêtera la marée montante de la démocratie. *Ceci tuera cela!*

« Nous ne nous dissimulons pas les obstacles que nous avons à vaincre pour arriver au but sans vous et malgré vous, mais, sachez-le bien, nous sommes fermement convaincus que la réforme projetée est le seul moyen de fonder une *Paix Sociale durable, vigoureuse,* et nous voyons dans l'activité de l'esprit public et dans ses progrès, dans l'extrême mécontentement du peuple et dans le courage dévoué des travailleurs, des matériaux suffisants pour commencer et pour consolider successivement *cette révolution radicale établissant l'ordre par la justice.*

« Messieurs,

« Cet ordre n'est pas du ressort des mitrailleuses et des changements de politique. La science sociale préside à sa constitution. Cette constitution, l'adoption de nos projets pouvant l'obtenir, *nous vous en demandons la discussion immédiate, vous recommandant, pour conclure, que* **la longue habitude d'accomplir le mal ne vous fasse pas regarder la vertu comme une utopie.** »

N. B. — Cet avis date, lui aussi, de 1876.

M.-A. GROMIER.

APPENDICE

La morale universelle

Monsieur M.-A. Gromier et cher Confrère,

« Je viens de lire votre *Credo* d'un ami de la *Paix sociale* avec toute l'attention qu'il mérite.

« Il me paraît de première nécessité, en ces temps-ci, d'amener les hommes à étudier avec le plus grand soin et la plus grande impartialité les importantes questions fondamentales que vous soulevez.

« Si nous n'approfondissons pas et si nous ne comprenons pas les grandes lois de la vie humaine et les principes qui conduisent soit l'individu, soit la communauté à la réalisation de son idéal, — au bonheur ou à la misère, — nous sommes des navires voyageant sans gouvernail ni boussole.

« Quel pitoyable aspect présente la vie humaine, celle de l'individu comme celle de la communauté, dans une foule de circonstances !

« Où est l'homme possédant le sens moral ou bien des sentiments élevés qui puisse être satisfait de l'actuelle condition de l'humanité, après tant de siècles de progrès ?

« Si nous observons attentivement l'aspect de la vie humaine, — telle qu'elle se présente dans l'histoire du passé jusqu'à ces jours, — il me paraît impossible de ne pas subir un sentiment d'horreur et de tristesse profonde.

« Que voyons-nous, sinon qu'une succession de guerre sans trêve, de famines et de pestes créées par des fautes humaines ? Des tyrannies, des persécutions à outrance, des vilenies incessantes ?

« Et que voyons-nous encore, à présent, dans notre *civilisation* si vantée ? La misère répandue parmi les masses, à côté du luxe effréné d'une petite minorité...

« Voilà la preuve éclatante du besoin suprême d'une *morale universelle*.

« Donc, la question humaine dominant toutes les autres, c'est de savoir en quoi consiste cette *morale* et comment en faire la loi dominante parmi les hommes.

« C'est là vraiment la plus grande et la plus puissante de toutes les questions humaines, et si, dans votre *Correspondance*, vous pouvez persuader à un penseur, puis à un autre, de contribuer à l'investigation de cet énorme problème, vous rendrez un service inestimable.

« Maintenant j'appelle votre attention sur un fait préalable.

« Tout l'univers matériel, tout le cosmos se présente à nos yeux comme un miracle perpétuel.

« Les découvertes des maîtres des sciences physiques sont une perpétuelle révélation de la *Puissance bienfaisante* dont l'opération fournit de tout temps d'incessants services au genre humain. Pas une année ne s'écoule sans que des découvertes nouvelles, d'un caractère aussi imprévu que merveilleux, ne viennent suppléer aux besoins des hommes. Depuis des temps infinis, des éléments de puissance et de bien-être matériel ont été réservés pour les hommes dans la terre et dans ses produits sur la mer et dans les airs !

« En outre, toutes les études et observations scientifiques démontrent la permanence immuable des lois permanentes de cette *Puissance bienfaisante*.

« Toutes les lois de la nature sont adaptées à la production de certains résultats qui s'obtiennent infailliblement depuis des millions de siècles !

« Dans cette sphère, on voit toujours la perfection d'un *dessein* universel et bienfaisant ! Partout des *lois* invariables et parfaites.

« L'être humain aussi, quant à sa nature physique et à ses besoins physiques, est pourvu de tout l'appareil qui lui convient, y compris une intelligence quasi divine.

« Mais quand nous venons à étudier l'homme sous son aspect moral ou spirituel, le contraste est accablant...

« Des millions d'êtres humains, quoique doués de la pensée, de l'observation, de la raison, du jugement, capables d'accumuler les expériences des siècles et de les utiliser, tombent sans cesse dans des fautes et des erreurs funestes dans leurs efforts pour l'accomplissement de leurs idéals et de leurs desseins. Individus et peuples s'égarent également.

« Faillite ! Voilà la devise écrite sur le front de l'espèce humaine, — aussi bien sur le front de l'homme que sur le front des agglomérations petites ou grandes !

« On peut bien admettre qu'à travers les siècles il y a eu un certain progrès, mais comme cette évolution a été lente et imparfaite !

« Des millions d'hommes périssent tous les jours par la famine, la peste, la misère, et par les fautes, les passions et les crimes des hommes !

« Un problème immense s'impose donc à nous tous : *pourquoi dans le monde physique ce parfait accomplissement de tout dessein ; et pourquoi dans le monde humain cette interminable série de malheurs et de douleurs ?*

« Voilà une question dont tout homme digne de ce nom doit s'occuper, et je vous prie, cher monsieur, d'inviter vos lecteurs à contribuer à sa solution (1).

« Il ne suffit pas de condamner, *comme vous le faites dans votre excellent* CREDO, les législateurs, les gouvernements, les tyrans ecclésiastiques et politiques. Ils sont tous des hommes représentant assez bien la folie, la cruauté et l'injustice humaines, avec les grandes vertus dont, toutefois, les hommes sont aussi capables.

« Et remarquez bien que ces agents malfaisants réussissent très bien dans leurs affaires matérielles, parce qu'ils sont doués d'une intelligence et de connaissances magnifiques.

« Mais c'est *la morale* qui manque.

« Dès qu'il s'agit d'une question de *devoir*, du mal et du bien, ils se distinguent trop souvent par leurs erreurs, leurs crimes, leurs injustices !

« Pourquoi cette *faiblesse morale,* à côté de cette *puissance intellectuelle ?*

« Trouver la réponse, c'est trouver le chemin du salut qui consiste dans la connaissance des *lois éternelles de la morale* et dans l'*obéissance* à ces lois.

« Bien à vous.

« HODGSON PRATT. »

(1) La *Correspondance Gromier* accueillera volontiers toutes communications relatives à ces sujets d'une si sérieuse importance.

LE 18 JUIN 1815

PERSONNAGES

1. **La Paix.**
2. Un Grenadier français.
3. Un Soldat écossais.
4. Une Paysanne russe.
5. Une Paysanne allemande.

6. **La Guerre.**
7. Un Hussard allemand.
8. Un Cosaque du Don.
9. Une Paysanne française.
10. Une Paysanne anglaise.

L'Anniversaire de Waterloo

A Marc-Amédée Gromier
De Bourg-en-Bresse (Ain).

(Les soldats sont couchés à terre. La Paix est assise au fond, accoudée sur un genou et la tête appuyée sur sa main.)

La Guerre *entre*. — C'est aujourd'hui le 18 juin, l'anniversaire de la bataille de Waterloo, le jour des colères qui grondent encore et des haines inassouvies. Profitons-en pour réveiller ce siècle engourdi qui s'obstine aux lâches douceurs d'une paix sans gloire.

Après quarante ans de repos forcé, je croyais enfin mes beaux jours revenus. Deux fois j'avais déployé au vent les vieux étendards ; deux fois j'avais fait battre comme autrefois les cœurs au bruit magique des batailles, et deux fois l'odieuse Paix, se dressant tout à coup devant moi, est venue m'arracher des mains mon glaive à peine dérouillé.

Debout ! héros des grandes guerres, vous que vingt-cinq ans de combats n'avaient pas encore rassasiés ; levez-vous de vos sépulcres et venez faire honte à vos descendants dégénérés. Debout ! rappelez aux uns qu'ils ont une revanche à prendre ; rappelez aux autres qu'ils ne sont pas assez vengés !

La Paix, *se levant*. — Que viens-tu faire ici, Guerre impitoyable ? Dispute-moi, si tu veux, le monde des vivants ; mais respecte au moins la paix du tombeau.

La Guerre. — J'ai le droit d'appeler les morts, quand c'est au nom de leur patrie.

La Paix. — Les morts sont avec Dieu ; ils n'ont tous plus qu'une seule patrie.

La Guerre. — Dispense-toi, Paix à la langue dorée, de me faire des phrases. Je ne les écoute pas. Je laisse parler les bavards et je vais en avant. Le monde appartient aux braves.

La Paix. — Le monde appartient à ceux qui ont raison. Puisque tu ne veux pas m'écouter, tu vas les entendre eux-mêmes, et tu verras s'ils sont avec toi. *(Se tournant vers les morts.)* Levez-vous, mes enfants, et venez confondre ceux qui veulent se battre avec les os des morts. *(Les morts se lèvent.)*

Le Grenadier. — J'ai dormi longtemps depuis Austerlitz ! qu'êtes-vous, camarades ?

Le Hussard. — Moi, j'arrive du champ de bataille de Leipzig, où la grande race allemande a brisé le joug que lui avait imposé ton empereur.

Le Grenadier. — Et tu y es resté ?

Le Hussard. — J'en suis fier !

Le Grenadier. — Tu as raison, mon brave. Chacun se doit à sa patrie. Nous avons fait comme toi, nous autres. Si vous nous aviez laissés tranquilles en 92, nous ne serions pas allés chez vous.

Le Cosaque. — Moi, je me suis fait tuer sous les murs de Paris, où la grande Russie était allée reporter l'affront qu'elle avait reçu à Moscou.

L'Écossais. — Moi, je suis tombé à Waterloo, en vengeant le grand peuple anglais des menaces du camp de Boulogne. J'ai noyé dans mon sang le dernier effort de votre aigle impérial.

Le Grenadier. — Eh bien, nous pouvons aller ensemble. Moi, j'ai rougi de mon sang la plaine d'Austerlitz, où la grande nation française s'est vengée de Brunswick et de Souvaroff. Nous avons tous péri, ensevelis dans un triomphe. Nous pouvons nous donner la main.

Le Cosaque. — Les braves se valent sous tous les costumes. Donnons-nous la main.

Le Hussard. — Nous sommes tous morts pour la patrie. Soyons frères.

L'Écossais. — Soyons frères. Les haines de la terre ne passent pas de l'autre côté du tombeau. *(Ils réunissent leurs mains.)*

Le Grenadier. — Et, maintenant que la paix est faite, racontons-nous ce que nous faisions avant de devenir guerriers.

Le Cosaque. — Moi, je cultivais un champ dans le steppe, et je nourrissais ma vieille mère.

L'Écossais. — Moi, j'élevais ma fille, en cultivant le champ que j'avais défriché dans ma bruyère.

Le Hussard. — Moi, je vivais avec ma femme sur le champ que nous cultivions.

Le Grenadier. — Moi aussi, je cultivais un champ, et j'étais le soutien de ma sœur. Il paraît que nous étions du même monde tous les quatre. Comment avons-nous pu nous tuer les uns les autres ?

Le Cosaque. — Le tsar a parlé, et j'ai marché.

L'Écossais. — Le parlement a voté la guerre, et j'ai marché.

Le Hussard. — Nos princes ont crié : Aux armes, et j'ai marché.

Le Grenadier. — Et moi, j'ai entendu les camarades crier : Aux armes ! et j'ai mis ma meilleure paire de sabots. Mais enfin qu'avions-nous, nous, les uns contre les autres ? Où était la querelle entre les socs de nos charrues ? *(Au hussard.)* Vous autres, par exemple, qui avez commencé, que veniez-vous faire dans mon pays ?

Le Hussard. — Nous venions détruire les brigands.

Le Grenadier. — Mais les brigands, c'était moi, malheureux, moi et les autres laboureurs, mes pareils et les tiens ! Après cela, on nous a bien fait chanter à nous autres :

Qu'un sang impur abreuve nos sillons.

Je le vois maintenant, ce sang impur, c'était le tien, ami, et celui des braves gens comme toi. Maudits soient ceux qui ont commandé la bataille entre nous.

Le Hussard. — Maudits soient les artisans de la guerre !

La Guerre, *s'avançant.* — Honte sur vous, guerriers dégradés ! Vos femmes vous renieraient. *(Les morts la regardent fixement.)* Vous vous taisez ! qu'avez-vous à répondre.

La Paix. — Les morts ne répondent pas. *(Elle étend la main vers l'entrée de la scène.)* Voici qui répondra pour eux.

(Entrent quatre femmes voilées.)

(Une des femmes voilées s'avance lentement. Arrivée sur le devant de la scène, elle écarte son voile et se laisse voir aux spectateurs. Même jeu pour les suivantes.)

Première Femme. — Oh ! mon frère, où es-tu, maintenant ? Si tu es malade, qui a soin de toi ? Si tu es blessé, qui veille sur toi ? Si tu es prisonnier, qui te console ? Si tu es mort... hélas ! Je m'endors tous les soirs en pleurant de n'avoir pas eu de tes nouvelles, et je me réveille tous les matins en tremblant d'en recevoir. Nous étions si heureux ! Nous vivions si doucement ensemble ! Quand je m'assois à notre petite table, j'ai ta place vide sous les yeux, et j'oublie de manger en la regardant. Je t'avais pourtant bien fait promettre de revenir, en te disant adieu. Pourquoi, méchant, tardes-tu si longtemps à tenir ta promesse ?

(Elle referme son voile et descend sur un des côtés de la scène. Même jeu pour les suivantes.)

Le Grenadier. — C'est ma sœur, mes amis. Elle vient de redire les paroles de notre dernier adieu.

Deuxième Femme. — Oh ! mon père, pourquoi as-tu quitté ton enfant ! Hélas ! à ton départ, je jouais, pauvre folle, avec cet éclatant costume, livrée de la mort, que je ne t'avais jamais vu. Je te disais que je serais fière de toi quand tu me reviendrais après avoir beaucoup tué d'ennemis. Enfant, qui parlais de tuer sans comprendre. Quand reviendras-tu maintenant? Qu'ont-ils fait de toi, père chéri? Qu'ont-ils fait de cette tête vénérée dont mes lèvres ne s'approchaient qu'avec respect? Peut-être, à l'heure qu'il est, traîne-t-elle, livide et souillée, dans la poussière ou dans la boue! Ah! mon Dieu! si ma prière peut encore quelque chose pour lui, retire-le bien vite de ces affreuses mêlées, où chaque coup tombe sur un père, sur un fils, sur un frère, sur un mari. Aie pitié de tant de pleurs que chaque flot de sang fait couler.

L'Écossais. — C'est ma fille? J'entends encore la dernière prière que m'envoyait sa bouche innocente.

Troisième Femme. — Oh! mon bien-aimé, où puis-je aller te chercher? Quand, levant la main devant Dieu, nous nous sommes juré l'un à l'autre de ne jamais nous abandonner sur la terre, nous ne pensions pas que la guerre viendrait et qu'elle t'emporterait comme une feuille saisie par le vent. En ce moment, peut-être, tu es étendu sur une poignée de paille sanglante, et une autre que moi panse tes glorieuses plaies. Ah! malheureuse que je suis, de quoi va se plaindre ma tendresse jalouse? Qui sait si tu n'es pas maintenant pour toujours à l'abri des blessures? Si tu l'as pris, mon Dieu! prends-moi aussi. Je lui ai promis de le suivre en recevant son dernier baiser.

Le Hussard. — C'est ma femme! plus de doute. Je reconnais les paroles que sa voix chérie murmurait à mon oreille ce jour-là.

Quatrième Femme. — Je lui ai dit : Pars, et conduis-toi comme un homme. Il est parti, et il n'est pas revenu. Ah! tigres impitoyables! nous élevons nos enfants dans les transes et dans les larmes. Nous passons les nuits, penchées sur leurs petits berceaux, et, quand nous en avons fait des hommes, vous venez nous les prendre pour les emmener à la mort. Et nous, malheureuses! il faut encore que nous les encouragions à mourir, si nous voulons qu'ils ne soient pas déshonorés. Pauvre cher enfant! si fort! si beau! si bon pour sa mère! Ah! s'il est au ciel un Dieu vengeur, les cris des mères ne laisseront plus dormir les provocateurs de tant de massacres. Ils les poursuivront jusque dans la tombe et monteront derrière eux au pied du trône où les attend le Grand Juge. *(Elle cache sa tête dans ses mains.)*

Le Cosaque. — C'est ma mère! j'ai reconnu sa dernière parole. *(Il s'élance vers elle.)* C'est moi, mère, c'est moi. *(Elle relève la tête.)* Que vois-je? une inconnue! C'est une Anglaise!

L'Écossais, écartant le voile de la fille. — Grand Dieu! c'est une Allemande.

Le Hussard, écartant le voile de la femme. — Ce n'est pas elle! c'est une Française!

Le Grenadier. écartant le voile de la sœur. — C'est une Russe! Ce n'était pas nous qu'on pleurait, c'était peut-être un de ceux que nous avons tués. Comment avons-nous pu nous tromper ainsi ?

La Paix, *s'avançant.* — Il y a des sœurs, des épouses, des filles, des mères partout, mes enfants, et la nature n'a qu'un seul langage dans tous les pays. Embrassez-vous tous ; fraternisez... *(A la Guerre.)* Et toi, va faire retentir ta trompette dans les casernes et les brasseries, mais n'invoque plus les morts, et ne compte plus sur les femmes.

(1874.) Jean Macé.

Reproduction et traduction autorisées.

OUVRAGES DE M.-A. GROMIER

1. **LETTRES SUR LA MUSIQUE**, in-8°, Hachette, Paris, 1862.
2. **LA FANFARE BRESSANE**, in-8°, Milliet-Bottier, Bourg, 1863.
3. **SOUVENIRS D'UN BRESSAN**, in-folio, Milliet-Bottier, Bourg, 1864.
4. **PÉCHÉS DE JEUNESSE**, divagations littéraires et politiques, en prose et en vers, publiées dans *l'Abeille* de Nantua, *le Journal* et *le Courrier* de Bourg-en-Bresse, *la Revue du Lyonnais* de Lyon, *l'Album* d'Angers, *la France musicale*, *la France*, *la Fraternité* de Paris, *l'Europe* de Francfort, etc., de 1864 à 1865.
5. **LA CRITIQUE ILLUSTRÉE**, in-4°, Muriel, Paris, mars 1865.
6. **LA COLONIE**, in-4°, Taffery, Islington, Londres, juin 1865.
7. **LA PAIX PAR LA FÉDÉRATION**, in-8°, imprimerie Cavourienne, Florence, 1866.
8. **LA CAMPAGNE DE 1866**, journal d'un volontaire de Garibaldi dans le Trentin, mis en ordre à Ambérieu, 1867.
9. **UNE ÉLECTION RÉUSSIE A AMBÉRIEU**, curieuse série de correspondances publiées dans *le Progrès* de Lyon, 1867-1868.
10. **L'UNION LIBÉRALE CONTRE L'EMPIRE**, in-8°, première édition à Lyon, chez Mme veuve Chanoine; deuxième édition, Lechevalier, Paris, 1868.
11. **THE GLOW-WORM AND EVENING NEWS**, in-folio, S.-O. Beeton, Strand, Londres, 1868-1869.
12. **L'ÉGYPTE DÉVOILÉE**, in-32, Wade, Tawiscott, Londres, 1869.
13. **LE CENTENAIRE ANTI-NAPOLÉONIEN**, in-32, Wade, Tawiscott, Londres, 1869. (*Saisie à la frontière, jugement, condamnation.*)
14. **SOLDATS, ÉCOUTEZ !** (en collaboration avec Balitout, Ferdinand Gambon et Félix Pyat), in-8°, Balitout, 1870. (*Saisie, jugement, condamnation.*)
15. **AU JOUR LE JOUR**, variétés politiques, publiées dans *le Siècle*, *le Rappel.*, *la Cloche*, *la Réforme*, *la Démocratie* et *le National* de Paris, et *l'Emancipation* de Toulouse, 1869-1870.
16. **LA FRANCE VUE DU DEHORS**, traductions d'articles anglais, italiens, allemands, espagnols, etc., publiées dans *la Patrie*, *le National*, *l'Electeur Libre*, *la Vérité*, *le Combat*, *le Vengeur*, etc., Paris, 1870-1871.

17. **LE SALUT DE PARIS** (en collaboration avec Louis Brunereau), in-4°, Merlot-Rodière, Paris, janvier 1871.

18. **LA PATRIE EN DEUIL**, in-4°, Merlot-Rodière, Paris, février 1871.

19. **LE SALUT**, organe des conciliateurs, in-4°, Merlot-Rodière, Paris, mars 1871.

20. **LETTRES D'UN BON ROUGE AUX MEMBRES DE LA COMMUNE DE PARIS**, publiées dans le journal *la Vérité* et le journal *la Sociale*, reproduites par le journal *la Patrie*, Paris, avril-mai 1871. (Publiées en brochure in 8° par André Sagnier, Paris, 1874.) *(Saisie, arrêt, condamnation.)*

21. **LA SOLIDARITÉ**, lettres aux ouvriers, Sagnier, Paris, 1872. (Reproduites dans le journal *la Liberté*, 1873.)

22. **LE JOURNAL D'UN VAINCU**, mémorial d'un prisonnier de Versailles, écrit de juin 1871 à avril 1872, mis en ordre à Paris, 1872-1873. (Publié en un volume in-8°, avec préface de M. de Lano, par Victor Havard, Paris, 1892.)

23. **PARIS MUNICIPAL**, (en collaboration avec Ernest Desmarest), in-8°, Merlot-Rodière, Paris, 1873.

24. **HOMMES ET CHOSES**, *de 1866 à 1872*, mémento d'un politiqueur militant, in-8°, Merlot-Rodière, Paris, 1873.

25. **LA PAIX SOCIALE**, in-folio, Merlot-Rodière, Paris, 1873. *(Saisie, arrêt, condamnation.)*

26. **HEURES DE PRISON**, souvenirs d'un prisonnier d'Etat, onze *manuscrits* mis en ordre dans les bastilles de Boulogne-sur-Mer, du Dépôt, de la Conciergerie, de Mazas, la Santé, Sainte-Pélagie, Blois, Beauvais, Chartres, Montargis, Versailles, Nevers, Tours, Rouen, etc., 1869-1876,

27. **PROPHÉTIES POUR 1878**, in-32, Josselin, Genève, 1877. *(A l'Index.)*

28. **CREDO D'UN BON ROUGE**, in-32, Josselin, Genève, 1877. *(A l'Index.)*

29. **LOI SOCIALE DE L'AVENIR**, in-32, Josselin, Genève, 1877. *(A l'Index.)*

30. **JUSTICE ET NÉCESSITÉ D'UNE AMNISTIE**, in-32, Josselin, Genève, 1878.

31. **LES FRAUDEURS GENEVOIS**, in-32, Josselin, Genève, 1878.

32. **LA SUISSE TELLE QU'ELLE EST**, lettres publiées dans *le National* et *l'Estafette* de Paris, *le Carillon* de Genève, *le Petit Lyonnais* et *le Courrier* de Lyon, *le Progrès* de Bourg, *le Petit Courrier* de Périgueux, etc., de 1876 à 1878.

33. **LA FRANCE TELLE QU'ELLE EST**, lettres publiées dans *le Progrès du Jura-Bernois* de Delémont, imprimerie Boèchat, 1874-1878.

34. **LETTRE AUX GENEVOIS**, in-folio, Stamperia Cooperativa, Monalda, Firenze, 1878.

35. **FLORENCE, LA CITÉ DES MILLIARDS**, in-8°, Devillaire, Périgueux, 1878.

36. **GARIBALDI ET SA CAMPAGNE DE FRANCE**, in-4°, Aucour, Bordeaux, 1879.

37. **AI PROLETARI**, in-folio, Stamperia dell' *Opinione Nazionale*, Mariani, Firenze, 1879.

38. **AI BORGHESI**, in-folio, Stamperia dell' *Opinione Nazionale*, Mariani, Firenze, 1879.

39. **LES GRANDS TRAVAUX NÉCESSAIRES EN FRANCE**, in-4º, Lupis, Marseille, 1879.

40. **L'EUROPE EN 1900**, in-4º, Lupis, Marseille, 1880.

41. **CATALOGUE DE MA BIBLIOTHÈQUE**, in-8º, Stamperia Cooperativa, Monalda, Firenze, 1880.

42. **CATALOGUE DE MON PETIT MUSÉE**, in-8º, Stamperia Cooperativa, Monalda, Firenze, 1880.

43. **MAURO MACCHI**, *in memoriam*, in-12, Battezzati, Milano, 1881.

44. **MAURO MACCHI E LA LEGA LATINA**, in-8º, Lupis, Marseille, 1881, *et* Stamperia Cooperativa, Coppini, Monalda, Firenze, 1882.

45. **I LATINOFILI ED IL SENATORE AMANTE**, grand in-8º, Stamperia Coppini, Monalda, Firenze, 1882.

46. **HISTOIRE DE LA MUSIQUE**, 1re édition avec préface de Marie Escudier, 2e édition avec préface de Roselli-Mollet, in-8º illustré, Degorce-Cadot, 1880 et 1882.

47. **LA FÉDÉRATION DES PEUPLES GRÉCO-LATINS**, seize livraisons in-4º, Imprimerie Coopérative, Florence, mai-octobre 1882.

48. **L'ITALIE TELLE QU'ELLE EST**, lettres publiées dans *l'Estafette*, *l'Indépendant*, *le Voltaire*, *les Droits de l'Homme*, *l'Evénement* de Paris, *la Europa* de Madrid, *The Home Review* de Londres, 1878-1883.

49. **BIOGRAPHIES** : Charles Alfieri de Sostegno, Camille Bias, Léon Bigot, Breton, Louis Brunereau, Angelo de Gubernatis, Raphaël Del Perugia, Paul Demidoff de San Donato, W.-H. Kay, Mauro Macchi, Maurizio Quadrio, Mazzini, Garibaldi, Ernest Picchio, André Rousselle, Carl Vogt, Volney, Amilcare Cipriani, Jules Allix, Alphonse Baudin, Jeanne Darc, etc., opuscules grand in-8º, Aucour, Bordeaux, 1873-1883.

50. **UN DERNIER MOT AUX LATINS**, in-8º, Pellas, Florence, 1883.

51. **LE ZOLLVEREIN MÉDITERRANÉEN**, douze lettres à la presse grécolatine, Stamperia del *Ferruccio*, Florence, janvier-mars 1884.

52. **LA VRAIE REVANCHE**, in-8º, Stamperia del *Vocabolario*, Florence, 1885.

53. **AN ENGLISH-GRECK-LATIN INTELLIGENCE**, in-folio, Typ. *Ferruccio*, Florence, 1885.

54. **LES LETTRES D'AMICUS A L'ANTI-PRUSSIEN**, Imprimerie de ce journal parisien, Paris, novembre 1885.

55. **LE LETTERE D'AMICUS ALLA GAZZETTA D'ITALIA**, Typ. del giornale, Pancrazi, Roma, novembre 1884-novembre 1885.

56. AI LATINI, *in memoriam Garibaldi et Victor Hugo*, in-folio illustré, Stamperia dell' *Opinione Nazionale*, Mariani, Firenze, 1885.

57. ZOLLVEREIN MÉDITERRANÉEN ET ALLIANCE LATINE, in-8°, Pellas, Florence, 1885.

58. UNION DOUANIÈRE MÉDITERRANÉENNE, in-folio, vingt tirages, cent mille exemplaires, Typ. Coppini et Bocconi, Florence, 1886.

59. ZOLLVEREIN GERMANIQUE DE FRÉDÉRIC LIST, in-8°, sept éditions, Paul Cassard, Lyon, 1886.

60. AI FIORENTINI, in-4°, Biblioteca del *Fieramosca*, n° 26, Typ. Piazza Madonna, Firenze, 2 luglio 1886.

61. UNION MÉDITERRANÉENNE, revue des intérêts économiques du monde latin, Chaix, Paris, février 1887.

62. LA QUESTION ARMÉNIENNE, in-8°, Chaix, Paris, mars 1887.

63. ALLIANCE ARMÉNO-GRÉCO-LATINE, in-8°, Lefebvre, Paris, juillet 1887.

64. MONITEUR DE L'U. M., in-folio, cinq opuscules, Imprimerie Dubuisson, Paris, octobre et novembre 1887.

65. LES BESOINS DE LA FRANCE, trente-cinq opuscules in-folio, Imprimerie du *Midi Républicain*, chez Louis-Ariste Passérieu, Toulouse, 1887-1888.

66. PROGRAMME DE L'UNION MÉDITERRANÉENNE, in-8°, dix éditions, Lefebvre, Paris, 1889.

67. UN DINER FAMILIAL (*14 juillet 1889*), in-8°, Lefebvre, Paris, septembre 1889.

68. LE PARTI COMMERCIAL, in-folio, dix éditions, Lefebvre, Paris, 1889.

69. LE PÉRIL NOIR, fascicule de *la Nouvelle Revue* de Mme Adam, Paris, numéro du 15 mars 1890.

70. L'A. I. E. DES AMIS DE LA PAIX SOCIALE, in-32, seize éditions, Lefebvre, Paris, 1865-1890.

71. PORTUGAL-ANGLETERRE-FRANCE, in-32, cinq éditions, Lefebvre, Paris, 1890.

72. TRAITÉS DE COMMERCE POUR 1892, grand in-8°, Lefebvre, Paris, 1890.

73. EN L'HONNEUR DE GARIBALDI, grand in-8°, Eug. Bovay, Paris 18 janvier 1891.

74. UNION MÉDITERRANÉENNE ET COMPAGNIE D'OUTRE-MER, note confidentielle, statuts, listes d'adhérents, deux opuscules grand in-8°, Silvestre, Paris, 7 octobre 1865-7 octobre 1891.

75. L'ENQUÊTE ÉLECTORALE ET PANAMA, in-folio, Schiller, Paris, 1892.

76. LE CANAL DES DEUX MERS, in-8°, Pivoteau, Saint-Amand, 1893.

77. LES QUESTIONS DE DEMAIN, in-folio, en collaboration avec M. Joseph Aron-Macé, six opuscules illustrés, Richard, Paris, 1894.

78. LA FRANCE VUE DE MALTE, in-folio, Richard, Paris, 1895.

79. LES OPPORTUNISTES, in-8°, Pivoteau, Saint-Amand, 1896.

80. **UN CONGRÈS A BUDAPEST**, lettres publiées dans *l'Epicier*, *la Démo-cratie*, *l'Evénement* de Paris, *le Journal d'Asnières*, *le Progrès de la Somme*, *le Phare de la Loire*, etc., septembre-octobre 1897.

81. **CE QUI SE PASSAIT EN MAI 1871**, in-8°, numéro de *la Revue Moderne*, Paris, 25 décembre 1897.

82. **QUELQUES CONDAMNATIONS POUR OUTRAGES AUX BONNES MŒURS** de MM. de l'Ordre Immoral, in-8°, Lambert, Paris, 1898.

83. **PARIS-MUNICIPAL**, *du 4 septembre 1870 au 26 mars 1871*, trois feuil-letons dans le journal *la France*, Paris, 1903.

84. **DE SEMAINE EN SEMAINE**, lettres hebdomadaires au *Midi Républicain* de Toulouse, au *Journal d'Asnières*, à *la Jeune Garde Républicaine* et aux *20 journaux des 20 arrondissements* de Paris, 1888-1904.

85. **ZOLLVEREIN EUROPÉEN**, trente fascicules in-4°, Imprimerie Léon Thuillier, Paris, 1895-1904.

86. **BULLETIN DE L'A. I. E.**, circulaires intermittentes, dont le 401° nu-méro a paru le 7 octobre 1903, Londres, Florence, Paris, Bruxelles, Genève, Florence et Paris, 1865-1904.

87. **CORRESPONDANCE GROMIER**, publication épistolaire périodique, organe des *Amis de la Paix Sociale*, créée à Londres en 1865, — trans-portée un peu partout, — expédiée le plus souvent gratuitement, soutenue par des souscriptions aussi volontaires qu'incondition-nelles, dirigée et rédigée encore, en 1904, par *M.-A. Gromier, 1, rue du Marché-Ordener*, XVIII°, *Paris*.

88. **LA PAIX SOCIALE**, *voies et moyens*, Imprimerie administrative A. Barrois, Colombes (Seine), 1904.

TABLE DES MATIÈRES

www.ingramcontent.com/pod-product-compliance
Lightning Source LLC
LaVergne TN
LVHW021207140726
843272LV00042B/1219